Andreas »Nino« Lindmeyer
High Performance Trading

High Performance Trading

Die ultimative Tradingstrategie

Andreas »Nino« Lindmeyer

FinanzBuch Verlag

Bibliografische Information der Deutschen Nationalbibliothek:
Die Deutsche Nationalbibliothek verzeichnet diese Publikation in der Deutschen Nationalbibliografie; detaillierte bibliografische Daten sind im Internet über **http://dnb.ddb.de** abrufbar.

Lektorat: Cordula Natusch
Satz und Layout: Daniel Förster
Korrektorat: Natascha Lenz-Trautmann
Druck: GGP Media GmbH, Pößneck

Andreas »Nino« Lindmeyer • High Performance Trading
Komplett überarbeitete Neuauflage
© 2009
FinanzBuch Verlag GmbH
Nymphenburger Str. 86
80636 München
Tel. 089 651285-0
Fax 089 652096

Alle Rechte vorbehalten, einschließlich derjenigen des auszugsweisen Abdrucks sowie der fotomechanischen und elektronischen Wiedergabe. Dieses Buch will keine spezifischen Anlageempfehlungen geben und enthält lediglich allgemeine Hinweise. Autor, Herausgeber und die zitierten Quellen haften nicht für etwaige Verluste, die aufgrund der Umsetzung ihrer Gedanken und Ideen entstehen.

Den Autor erreichen Sie unter:
lindmeyer@finanzbuchverlag.de

Weitere Infos zum Thema Signalhandel erhalten Sie unter:
www.signalhandel.com, www.finanzbuchverlag.de

ISBN 978-3-89879-440-4

Weitere Infos zum Thema
www.finanzbuchverlag.de
Gerne übersenden wir Ihnen unser aktuelles Verlagsprogramm.

Inhaltsverzeichnis

Allgemeiner Hinweis	VII
Haftungsausschluss	VIII
Danksagung	IX
Vorwort	XI

Kapitel 1:	**Allgemeines**	1
	Worum geht es?	2
	Was ist Differenzhandel?	3
	Allgemeines zum Aktienmarkt	5
Kapitel 2	**Signalerkennung**	7
	Signalanalyse über die Bank Austria	8
	Candlesticks im Detail	14
	Steigendes Signal	16
	Steigender Trend	22
	Fallendes Signal	26
	Fallender Trend	32
	Kleiner Trend	36
	Unser Kaufkurs	41
	Zusammenfassung inkl. Anekdote	44
Kapitel 3	**Stopps**	47
	Stopptechniken	48
	Zusammenfassung Stopps	56
	Die Duplizierbarkeit eines Signals	58

Kapitel 4	**Management**	65
	Ihre innere Einstellung, um erfolgreich zu handeln	66
	Trade- und Geldmanagement	68
	Tipps zur Aktienauswahl und Signalanalyse	74
	Die Frage der Kerzengröße	76
Kapitel 5	**Margin, Spread und Gaps**	81
	Das Margin	82
	Der Spread	84
	Gapping	85
Kapitel 6	**Mein Börsenalltag**	87
	Mein Börsenalltag	
	Sonntag bis Freitag	88
Kapitel 7	**Der Broker**	97
	Wo können Sie handeln?	98
	Anmeldung bei Finspreads	101
Kapitel 8	**Die Plattform**	109
	Erklärung der Plattform	110
	Signalanalyse über Finspreads	113
	Ordereingabe	117

Training	125
Häufig gestellte Fragen	130
Spread- und Margin-Liste	131
Schlusswort	185
Außerdem verfügbar	187
Signalhandelsseminare	191
Signalanalysen	199
Supportinformation	205
Stichwortverzeichnis	206

Allgemeiner Hinweis

Zunächst möchte ich mich bei Ihnen für den Kauf meines Buches bedanken und wünsche Ihnen an dieser Stelle schon einmal, dass Ihnen das darin enthaltene Wissen helfen wird, sich erfolgreich in diesem überaus lukrativen Markt zu bewegen. Dieses Buch wird Ihnen zeigen, wie Sie am Aktien- und Indexmarkt mit viel Freude und in der Regel auch absolut stressfrei Geld verdienen können!

Ein Tipp meinerseits

Zu Beginn möchte ich Sie bitten, das Buch sehr sorgfältig durchzulesen. Lesen Sie es am besten erst in einem Stück durch und lassen Sie danach die gewonnenen Informationen einige Stunden wirken. Lesen Sie es anschließend erneut, um sich mit den zunächst unverständlicheren Parts eingehender zu beschäftigen.

An einigen Stellen im Buch werde ich auf Details hinweisen, die erst etwas später im Buch thematisiert werden. Machen Sie sich also keine Gedanken, wenn Sie an manchen Stellen im Buch zunächst nicht ganz folgen können. Es wird alles im späteren Verlauf genauer erläutert und zu einem Ganzen zusammengefügt.

Ihr neu gewonnenes Wissen nutzen Sie bitte erst probeweise auf dem Papier, auch wenn es Ihnen in den Finger juckt und Sie denken, dass Sie keine Zeit verlieren und jetzt unbedingt anfangen sollten, mit richtigem Geld zu handeln. Sie werden sehen, es entstehen jeden Tag neue Möglichkeiten, um mit Ihrem Handel zu beginnen. Nehmen Sie sich bitte die Zeit und überstürzen Sie nichts!

Haftungsausschluss

Der Autor und Herausgeber dieses Buches lehnt jede Verantwortung für Verluste und Risiken ab. Er kann für eventuelle Verluste oder Erstattungen bei Gebrauch dieses Buches nicht verantwortlich gemacht werden. Eine Gewinnbeteiligung am erzielten Erlös wird vom Autor und Herausgeber nicht verlangt!

Die aufgeführten Beispiele sind ausschließlich als Vorschläge zu sehen, nicht als Empfehlungen!

Der Autor und Herausgeber übernimmt des Weiteren keine Haftung für die von ihm genannten Dienstleister. Diese sind auch nur als Vorschläge zu verstehen! Die im Buch vorkommenden Illustrationen sind ebenfalls nicht als Anleitungen oder Empfehlungen zu verstehen, sondern dienen der Veranschaulichung meines eigenen Handels.

Die im Buch erwähnten und aufgezeigten Aktien oder Indizes stellen ausschließlich Beispiele dar und keine Anlagetipps für etwaigen Handel.

Dieses Buch wird nicht mit Verdienstgarantie verkauft. Sollten Sie mit dem Wissen, das Ihnen dieses Buch vermittelt hat, Anlageentscheidungen treffen, werden alle Investitionen von Ihnen eigenverantwortlich vorgenommen, mit der Kenntnis über eventuelle Risiken und Verluste!

**Investieren Sie bitte nie Geld,
das Sie nicht haben oder nicht verlieren dürfen!**

Danksagung

In vielen Büchern, die ich bisher gelesen habe, erwähnten die Autoren in der Danksagung immer zuerst die Familie, den Mentor etc.

Ich möchte mich erst einmal bei meiner Community bedanken, die dafür verantwortlich ist, dass Signalhandel ein solcher Erfolg wurde. Ohne die Menschen, die damals auf eBay die ersten Bücher gekauft haben und die mich seit jeher bei der Idee Signalhandel unterstützen, würde es heute nicht schon vier Bücher geben und auch nicht das Signalhandel-Forum. Durch Eure Erfolge habe ich sehr viel Bestätigung erfahren. Die vielen positiven Rückmeldungen bestärkten mich in meinem Entschluss, nun auch das erste Buch über die FinanzBuch Verlag GmbH publizieren zu lassen. Einen herzlichen Dank an der Stelle an den Verlag und im Speziellen an Kent Gaertner, der mich bei der Realisierung sehr unterstützt hat.

Vor allem möchte ich Stefan Rosenberger danken, der mittlerweile bei Signalhandel im Marketing tätig ist und alle meine Zweifel über Sinn und Unsinn dieses Unterfangens einfach weggewischt hat. Gleichzeitig entschuldige ich mich bei Stefans Ehefrau Claudia, die des Öfteren die Laune ihres Gatten ertragen musste, wenn ich ihn wieder einmal mit einer meiner neuen, meist verrückten Ideen zur Weißglut gebracht hatte.

Danken möchte ich auch meiner Frau, die das Lektorat für die ersten Buchversionen übernommen hatte und deswegen die eine oder andere schlaflose Nacht verbringen musste.

Danksagung

Selbstverständlich gilt mein Dank auch meinen Kindern Max, Luis und Phil, die es ohne Murren hingenommen haben, wenn Papa wieder einmal das ganze Wochenende nur vor den Büchern saß, um daran zu arbeiten. Sie sind unter anderem der Grund und jede Mühe wert, dass ich das Projekt Signalhandel nun doch im richtigen Verlagswesen realisiere.

Wahrscheinlich habe ich die Hälfte der Leute vergessen, denen ich noch danken müsste, wie z. B. den Wirten meiner Stammkneipen »Albertros« – hier insbesondere Albert – und der »Alter Hut« – mit dem geschätzten Hans – (beide Kneipen liegen in München-Schwabing und sind immer einen Besuch wert). Sie ließen mir die nötige Zerstreuung zuteilwerden, wenn ich wieder einmal den Kopf voll hatte.

VORWORT

Die Urform dieses Buches war eigentlich damals nicht mehr als eine Anleitung für Freunde und Bekannte, die sich für dieses Thema interessierten. Sie umfasste in ihrer ersten Version ganze 26 Seiten und ich dachte nie daran, diese jemals zu veröffentlichen. Ich war im Gegenteil immer der Meinung, dass es genügend gute bis sehr gute Börsenbücher gebe. Auch ich habe unter anderem damit per Selbststudium das Trading erlernt.

Zurückblickend muss ich sagen, dass die Zeit des Lernens wohl die fruchtbarste (nicht zu verwechseln mit furchtbarste, obwohl dies wahrscheinlich auch zutreffend ist) meines Lebens war.

Jedes Mal, wenn ich dachte, ich hätte den Dreh raus, entwickelte sich der Kurs wieder gegen mich. Ich hatte ein Börsenbuch nach dem anderen gelesen, verschiedene Techniken und Methoden ausprobiert und hätte – rein vom Fachwissen – wohl mit jedem erfolgreichen Trader der Welt mithalten können. Das Einzige, was ich nicht konnte, war erfolgreich zu traden. Hätte mir zu dieser Zeit jemand gesagt, dass ich einmal über mein Trading mehrere Bücher schreiben würde, hätte ich ihm eine weiße Jacke geschenkt. Mit Ärmeln vorne und zwei Pflegern, die beim Anziehen helfen...!

Während des Studiums der verschiedenen Bücher stellte ich mir immer wieder ein und dieselbe Frage:

»*Wieso gibt es kein Buch, das mir klipp und klar Anweisungen gibt, was zu tun ist?*«

Vorwort

Normalerweise sollte es so sein, dass man ein Buch über Trading liest und sich dann erfolgreich am Markt bewegen kann. Das wäre doch fair, oder?!

In der Realität sieht es aber so aus, dass man zunächst ein Buch über die bevorzugte Darstellungsmethode des Charts (Candlesticks, Barcharts, Linien etc.) mit Vor- und Nachteilen dergleichen lesen muss sowie eines über verschiedene Konstellationen, die zu einem Einstieg führen können, eines über das richtige Geldmanagement etc.

Eine derartige Menge an Fachliteratur ist nicht so schnell zu bewältigen. Für diejenigen, die hauptberuflich einer anderen Tätigkeit nachgehen (ich gehe einmal davon aus, dass dies die meisten von Ihnen betrifft), ist also ein riesiger Zeitaufwand nötig, um sich nebenher das Trading sowohl theoretisch als auch praktisch richtig anzueignen.

Aber wenn es das Fachwissen allein nicht ist, um beim Handeln erfolgreich zu sein, was ist es dann?

Bis zu einem bestimmten Zeitpunkt hatte ich so viele Bücher über das richtige Trading gelesen, dass ich den Wald vor lauter Bäumen nicht mehr sah. Ich fing erst an, erfolgreich zu handeln, als ich viele Punkte meines erworbenen Wissens bewusst ausblendete, nicht mehr unzählige Indikatoren in Betracht zog und mich lediglich auf einige wenige Konstellationen konzentrierte, die sehr häufig im Chart auftraten. Diese Formationen waren duplizierbar. Ich fügte dann dieser Chartkonstellation noch weitere Indikatoren hinzu, von denen die meisten jedoch inzwischen wieder wegfielen. Am Schluss blieb eine sich sehr oft wiederholende Chartformation übrig und einer der einfachsten Indikatoren, die es überhaupt gibt.

Ich werde noch heute oft von meinen Seminarteilnehmern auf diese einfache, aber überaus wirkungsvolle Technik angesprochen. Für viele, die wie ich sehr viele Bücher über das Trading gelesen haben, ist dies eigentlich unvereinbar mit dem, was sie bisher über das Trading wussten.

Hier schließt sich nun auch der Kreis: Wenn also ein Signal duplizierbar ist, ist es zu 100 Prozent auch die komplette Strategie inkl. Handelsmethode.

Die Frage »Wieso gibt es kein Buch, das mir klipp und klar Anweisungen gibt, was genau zu tun ist?« stellt sich für Sie nicht mehr, da Sie die Antwort bereits in Händen halten.

Ich wünsche Ihnen nun viel Spaß beim Lesen und Lernen und hoffe, dass Sie mit der gezeigten Technik genauso erfolgreich arbeiten können wie ich und Hunderte andere, die dieses Buch bereits gelesen haben.

KAPITEL 1

Allgemeines

– Worum geht es?

– Was ist Differenzhandel?

– Allgemeines zum Aktienmarkt

Kapitel 1

Worum geht es?

Prinzipiell geht es darum, Ihnen eine Strategie zu vermitteln, mit der Sie am Aktienmarkt Geld verdienen können. Das Problem der meisten Anleger, die sich am Aktienmarkt (unabhängig vom gewählten Finanzprodukt) bewegen, ist, dass sie keine Strategie bzw. das falsche Geldmanagement haben und sich folglich regelmäßig verkalkulieren. Bei Ihnen wird das anders sein, da Sie von mir eine Strategie inkl. Ratschläge für ein richtiges Geldmanagement erhalten. Die Systematik ist für Sie nachvollziehbar und hilft Ihnen wirklich weiter. Sofern Sie schon Erfahrungen am Aktienmarkt haben, sollten Sie sie erst einmal ausblenden. Wenn Sie keine Erfahrung haben, umso besser, denn dann können Sie ganz unvoreingenommen an die Sache herangehen!

Ich muss Sie aber darauf hinweisen, dass kein Mensch und auch keine Maschine die Entwicklung am Aktienmarkt treffsicher voraussagen kann. Das hört sich ziemlich ernüchternd an. Sie werden jedoch sehen, dass Sie mit meiner Anleitung eine oder einer der wenigen sind, für die diese Tatsache keine allzu große Rolle spielt.

Vergessen Sie bitte auch alle Informationen über Aktien, die Ihnen durch das Fernsehen oder durch andere Medien zugetragen werden. Zu dem Zeitpunkt, zu dem Sie eine Meldung erhalten, ist sie schon veraltet und hat für Sie keinerlei Bedeutung mehr. Sie lesen schließlich auch nicht die Zeitung der Vorwoche, oder?

Wichtig für Sie ist einzig und allein, was Sie sehen, nicht, was Sie hören! Sie werden in ungefähr 45 Minuten in der Lage sein, zu wissen, wie Sie bei einer Aktie das Signal bestimmen und ob Sie handeln sollten oder nicht.

Nochmals: Das Wissen, welches Sie durch Medien über Aktien – egal welcher Art – erhalten, ist für Ihren Handel wertlos!

Sehen und wissen, nicht hören und glauben!

Machen Sie sich das bitte bewusst und handeln Sie danach!

In der Realität ist es so, dass verschiedene Aktienanalysten sich für diverse Nachrichtensender vor die Kamera stellen, uns die Aktienentwicklung erklären und dann vielleicht auch noch den Kauf der Aktie XY empfehlen. Unter Umständen stehen am folgenden Tag die gleichen Analysten wieder da und erklären ganz schlüssig und selbstsicher, wieso gerade jene Aktie an jenem Tag im Kurs dann gesunken ist! In dieser Zeit hätten Sie wahrscheinlich schon einen beträchtlichen Betrag verloren, wenn Sie dem Anlagetipp nachgekommen wären.

Es soll jetzt nicht der Eindruck entstehen, ich wäre gegen Aktienanalysten. Es gibt auch einige, die ab und an mit ihren Empfehlungen richtigliegen. Mir ist das aber insgesamt zu viel Raterei und zu wenig Strategie! Machen Sie sich bitte an dieser Stelle bewusst, dass die wenigsten dieser »sogenannten« Experten selbst Erfolge beim Trading verbuchen können. Es ist ein Unterschied wie Tag und Nacht, ob man den Markt »nur« anhand von Fundamentaldaten und Trendlinien erklärt oder ob man die Gesetzmäßigkeiten des Tradings kennt und selbst gewinnbringend Trading betreibt!

Vertrauen Sie ausschließlich sich selbst und dem, was Sie sehen!

Was ist Differenzhandel?

Differenzhandel[1] ist der Handel mit der jeweiligen Aktien- oder Indexbewegung. Diese kann steigen oder fallen.

Beispiel 1
Der Aktienindex Dax eröffnet bei Börsenstart (09.00 Uhr) mit 5.670 Punkten und steigt an diesem Tag um 50 Punkte auf 5.720 Punkte.

Mit genau dieser Punkteveränderung handeln Sie. Sie kaufen also keine Aktien, sondern setzen darauf, dass eine Aktie steigt oder fällt.

---

[1] Unsere Handelsmethode nennt sich Spread Betting, nicht zu verwechseln mit dem eigentlichen Differenzhandel, dem Handel mit CFDs (Contract for Difference). Das Prinzip ist allerdings fast das gleiche, deshalb spreche ich hier auch vom Differenzhandel.

Dies hat den Vorteil, dass Sie viel weniger Geld in die Hand nehmen müssen als bei einem normalen Aktienkauf. Sie handeln also nur die Differenz zwischen Kauf- und Verkaufskurs, sofern Sie auf steigend handeln, und umgekehrt für einen fallenden Handel.

Beispiel 2
Die Deutsche-Telekom-Aktie eröffnet mit 1.435 Punkten (Der Wert der Aktie beträgt 14,35 Euro. Da beim Signalhandel in Punkten gehandelt wird, wird bei unserer Tradingmethode der komplette Wert der Aktie mit 100 multipliziert[2].) und steigt auf 1.460 Punkte. Das ist ein Anstieg der Aktie um 1,8 Prozent oder 25 Punkte, nichts Ungewöhnliches für eine Aktie.

Bleiben wir bei unserem Beispiel: Nehmen wir an, Sie würden mit einem Kapital von 1.000 Euro Deutsche-Telekom-Aktien kaufen (bei 1.435 Punkten). Sie könnten 69 Aktien kaufen. Nach dem Kauf ist die Aktie auch tatsächlich um 25 Punkte auf 1.460 gestiegen und Sie entschließen sich, die Aktie wieder zu verkaufen. Ihr Gewinn wären 0,25 Euro pro Aktie. Für die von Ihnen gekauften 69 Aktien errechnet sich also ein Gesamtgewinn von 17,25 Euro.

Nicht gerade sehr ertragreich, oder? Von den Bankgebühren, die für diesen Handel noch abgezogen werden müssen, ganz zu schweigen. Bei gleichem Kapitaleinsatz können Sie mit unserer Methode 15 Euro pro Punktanstieg setzen und hätten durch den Anstieg um 25 Punkte 375 Euro verdient. Schon etwas besser, oder? Ich gebe aber jetzt schon zu bedenken, dass dies nur ein Gedankenspiel ist, da wir bei einem Kapital von 1.000 Euro nicht mit einem so hohen Betrag pro Punkt arbeiten würden.

Dieses Beispiel zeigt, dass Sie beim Differenzhandel einen viel besseren Hebel (hier ist er 100, bedingt durch die Marginanforderung des Brokers, dazu aber später mehr) als beim normalen Aktienhandel haben. Nun müssen Sie nur noch wissen, woran Sie erkennen, ob eine Aktie steigt oder fällt. Dazu erkläre ich Ihnen aber später mehr.

---

[2] Der Wert wird nur bei normalen Aktien mit 100 multipliziert, nicht jedoch bei Indizes wie z. B. dem DAX, da diese standardmäßig in Punkten dargestellt werden.

Allgemeines zum Aktienmarkt

Sollten Sie noch keine Erfahrung am Aktienmarkt haben, werde ich Ihnen an dieser Stelle etwas darüber erzählen. Nehmen wir z. B. den wichtigsten deutschen Aktienindex, den Dax. Der Dax wird als Börsenindex bezeichnet, da in ihm die 30 meistgehandelten Aktien Deutschlands vertreten sind. Die Börsenindizes anderer Länder, wie z. B. der Dow Jones (USA), der FTSE 100 (England), der CAC (Frankreich) und auch der Nikkei (Japan), sollen ebenfalls einen schnellen Überblick über die stärksten Aktien der jeweiligen Länder gewähren. Der Index verändert sich genauso, wie sich die Aktien verändern. Wenn z. B. 25 Aktien im Dax steigen und 5 fallen, steigt der Dax. Fallen allerdings 25 Aktien und lediglich 5 steigen, fällt der Dax. So verhält es sich in jedem Index.

Aber was veranlasst eine Aktie, zu steigen oder zu fallen?

Das hängt davon ab, ob eine Aktie sehr häufig gekauft wird (dann wird sie steigen) oder eher verkauft wird (dann wird sie fallen). Besondere Ausschläge zeigen Aktien, wenn das jeweilige Unternehmen neue Umsatzerwartungen oder sonstige Meldungen herausgibt. Als z. B. VW am 10.02.2006 veröffentlichte, Arbeitsplätze abbauen zu wollen, um profitabler zu arbeiten, stieg diese Aktie um sage und schreibe mehr als 9 %. Das waren beim Differenzhandel ca. 500 Punkte an nur einem Tag. Natürlich bewegen sich Aktien auch dann stark, wenn ein Unternehmen bekannt gibt, dass die Umsatzerwartungen übertroffen worden sind. Andererseits kann es auch passieren, dass ein Unternehmen zwar meldet, dass die Umsatzerwartung übertroffen wurde, die Aktie jedoch dennoch fällt, weil die Aktionäre mit einem noch deutlicheren Plus gerechnet hatten (so geschehen bei Google). Es bestimmen also immer Angebot und Nachfrage sowie die Erwartung der Aktionäre, ob der Markt steigt oder fällt.

Ein Index unterliegt noch weiteren Einflüssen. Der Dax ist unter anderem auch sehr stark von der Entwicklung des Dow-Jones-Index abhängig. Werden in Amerika z. B. die Leitzinssätze gesenkt, um die Wirtschaft anzukurbeln, verzeichnet der Dow Jones oft einen Kursanstieg. Der Dax wird dadurch ebenfalls mitgezogen.

Es gibt über Indizes und Aktien natürlich noch viel mehr zu sagen. Es macht aber an dieser Stelle keinen Sinn, die Themenbereiche weiter zu vertiefen, da Ihr Handel davon weder positiv noch negativ beeinflusst wird.

KAPITEL 2

Signalerkennung

- Signalanalyse über die Bank Austria
- Candlesticks im Detail
- Steigendes Signal
- Steigender Trend
- Fallendes Signal
- Fallender Trend
- Kleiner Trend
- Unser Kaufkurs
- Zusammenfassung inklusive Anekdote

Signalanalyse über die Bank Austria

So, nun geht es ans Eingemachte: oder das, was Signalhandel ausmacht! Die Handelsmethode, die ich Ihnen vorstelle, nennt sich Spread Betting.

Spread Betting[3] ist eine Art Finanzwette, die bisher nur in England angeboten wird. Sie funktioniert im Endeffekt genauso wie ein normaler Differenzhandel, hat aber drei entscheidende Vorteile: Zum einen sind die Hebel etwas besser als beim herkömmlichen Differenzhandel (von Anbieter zu Anbieter unterschiedlich). Zum anderen sind die anfallenden Kosten des Spreads (das Thema Spreads wird später eingehender im Buch behandelt) sehr niedrig. Last but not least ist hier auch bereits ein Einstieg mit sehr geringem Kapital möglich. Beim herkömmlichen Differenzhandel wird in der Regel ein Startkapital im vierstelligen Bereich vorausgesetzt! Beim Spread Betting genügen schon wenige Hundert Euro (z. B. 500 Euro), um vernünftige Abschlüsse tätigen zu können.

Wie diese Tradingmethode funktioniert, habe ich oben kurz angesprochen. Nun gehe ich richtig darauf ein! Sie benötigen für diese Art von Handel keine Erfahrung oder einen allzu großen Kapitaleinsatz. Dennoch soll Ihr finanzieller Einsatz bei dieser Handelsmethode natürlich so gut wie möglich abgesichert sein. Daher erfolgt hier noch einmal mein Hinweis zum Aspekt »**Sicherheit**«! Da Sie kein Geld verlieren, sondern lieber verdienen möchten, empfehle ich Ihnen, Ihre Signalanalyse äußerst sorgfältig durchzuführen und nur auf Aktien oder den Index zu setzen, wenn das Signal eindeutig ist.

Wie führen Sie eine Signalanalyse durch?

Sie benötigen einen Rechner und einen Internetanschluss. Darüber hinaus empfiehlt es sich, die neueste Java-Software unter **www.java.com** sowie Flash-Software unter **www.adobe.com** herunterzuladen.

Ich stelle Ihnen nun verschiedene Möglichkeiten der Signalanalyse vor: Die eine ist sofort durchführbar (Bank Austria), die andere können

---

[3] Sie können sowohl die Signalmethode als auch die Stopptechnik auf jedes andere Finanzprodukt anwenden. Meist sind diese aber nicht so lukrativ wie die hier vorgestellte Methode!

Sie erst vornehmen, wenn Sie sich bei einem Broker angemeldet haben (z. B. Finspreads). Generell empfehle ich, die Signalanalyse so schnell wie möglich über den Broker durchzuführen, bei dem die Kurse recht zeitnah gelistet werden. Die Bank Austria legt die Kurse der deutschen bzw. österreichischen Börse (Wien) zugrunde, Finspreads die Kurse der Londoner Börse. Der große Unterschied liegt darin, dass die Londoner Börse eine Stunde länger geöffnet hat als die Deutsche Börse und somit die aktuelleren Kurse bietet.

Für das anfängliche Training auf dem Papier ist jedoch das Angebot der Bank Austria (Die Internetadresse lautet: http://www.bankaustria.at/de/index.html) erst einmal ausreichend!

Starten wir mit der Signalanalyse bei der Bank Austria

Rufen Sie bitte die Internetseite http://www.bankaustria.at/de/index.html auf. Auf dieser Seite können Sie Ihre Signalanalyse durchführen, solange Sie sich nicht bei einem Broker anmelden möchten. Sobald Sie sich bei einem Broker angemeldet haben, empfiehlt es sich jedoch, die Signalanalyse direkt über diesen durchzuführen. Wie Sie das genau machen, dazu erfahren Sie später mehr.

Sie sollten nun die Startseite sehen:

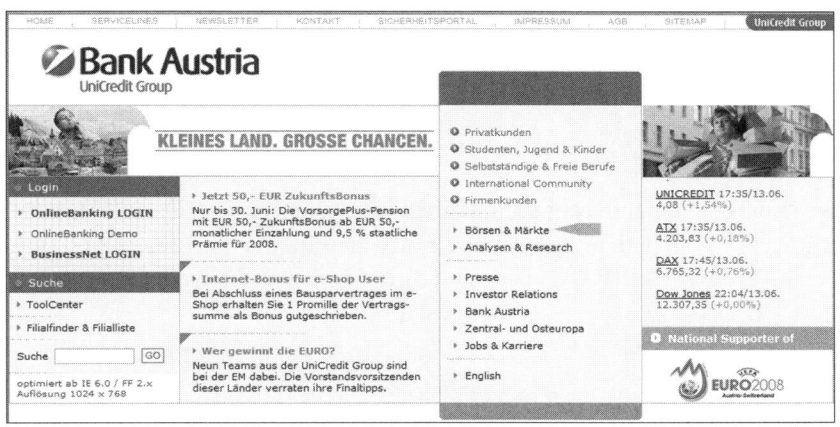

– Klicken Sie bitte auf »Börsen & Märkte«!

Kapitel 2

> **Rechtlicher Hinweis zur Verwendung des Bank Austria Chartservice:**
> Die Bank Austria gestattet dem Autor zum Zwecke der übersichtlichen Darstellung in dem Werk »Signalhandel« die Verwendung und Abbildung von Inhalten ihrer Webseiten. Die Bank Austria übernimmt aber keinerlei Haftung für die Richtigkeit und Vollständigkeit dieser übernommenen Inhalte sowie dafür, dass Teile dieser Webseiten, insbesondere der Chartservice, jederzeit und auch in Zukunft online abgerufen werden können. Bei der Benutzung des Chartservice auf den Webseiten der Bank Austria sind die diesbezüglich geltenden Nutzungsbedingungen zu beachten. Weiters hat die Bank Austria die in dem Buch »Signalhandel« dargestellten Veranlagungsempfehlungen und -strategien nicht geprüft, sodass eine Haftung der Bank Austria für etwaige Schäden, die durch die Befolgung der in dem Buch »Signalhandel« vertretenen Veranlagungsempfehlungen und -strategien entstehen, ausgeschlossen wird.

Nun sollten Sie diese Internetseite sehen:

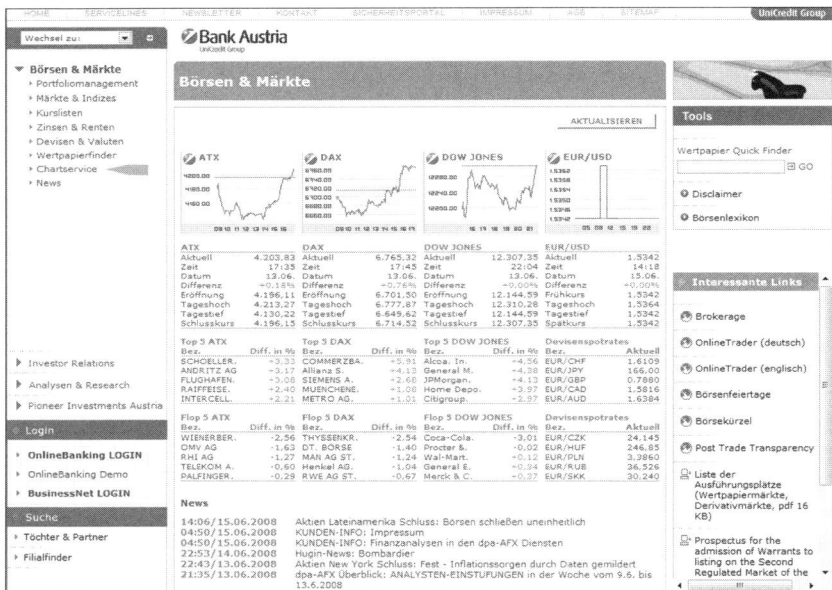

– Klicken Sie bitte auf »Chartservice«!

Signalerkennung

Es öffnet sich folgendes Fenster:

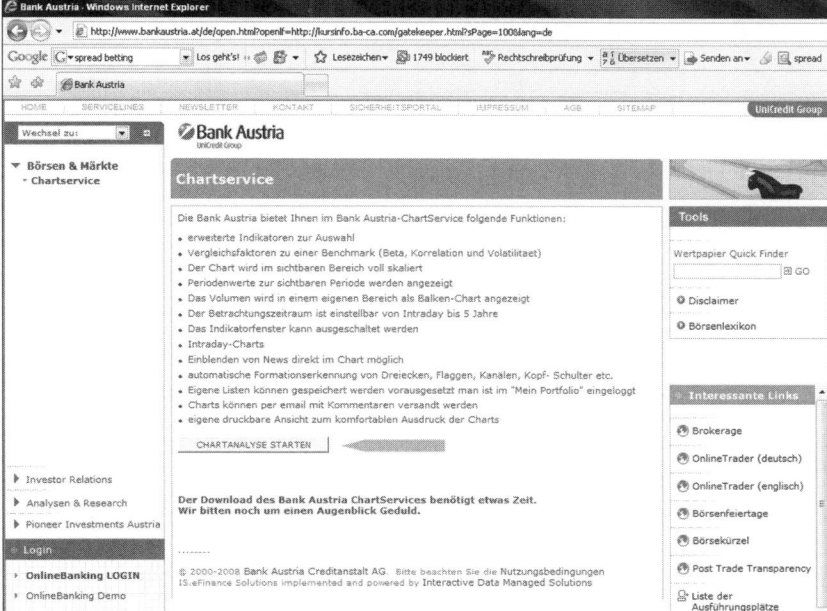

– Klicken Sie im Anschluss bitte auf »Chartanalyse starten«!

– Im Internet Explorer sollten Sie diese Seite zu Ihren Favoriten hinzufügen!

Kapitel 2

Es erscheint das Charttool der Bank Austria:

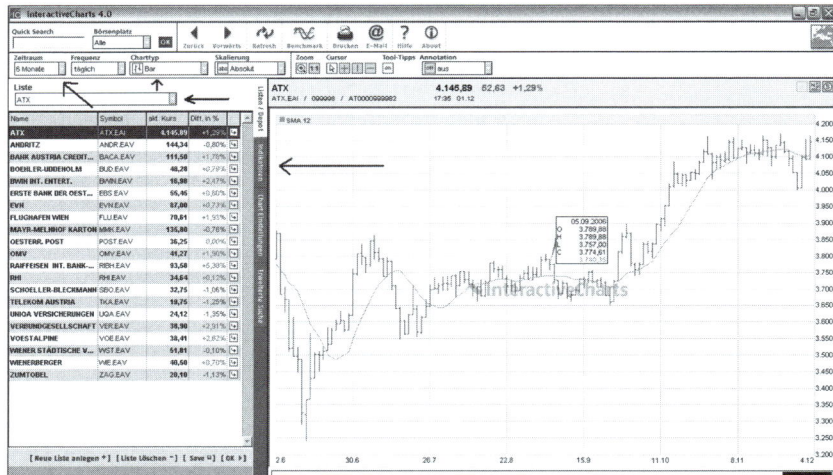

An den mit Pfeilen markierten Stellen nehmen Sie bitte folgende Änderungen vor:

– Beim Listenfenster »Zeitraum« wählen Sie entweder 3 oder 6 Monate (diese Auswahl können Sie, falls Ihnen die Ansicht nicht ausreichen sollte, immer noch ändern).

– Den Chart lassen Sie sich als »Candlestick« anzeigen (siehe »Charttyp«)!

– Nun klicken Sie auf »Indikatoren«. Dort markieren Sie die SMA-Linie und setzen die Indikatorstellung auf 12 Tage.

– Anschließend können Sie sich unter der seitlichen Registerkarte »Listen / Depot« die für Sie interessanten Werte heraussuchen, z. B. den Dax30-Xetra (der bekannte Dax).

Ihr Chart sollte nach diesen Veränderungen wie in der folgenden Abbildung gezeigt werden (abgesehen vom Kursverlauf):

Diese Einstellungen können Sie später noch abspeichern.

Jetzt möchte ich Ihnen kurz die Daten eines Candlesticks (engl.: Kerze) erläutern und Ihnen erklären, wie Sie sie erhalten können.

– Bewegen Sie Ihren Mauszeiger einfach auf die Kerze, deren Kursdaten Sie wissen möchten.

– Es öffnet sich ein Fenster mit der Angabe des Handelstages und folgender Buchstaben mit den entsprechenden Kursen:

      O = Open (Eröffnungskurs)
      H = High (Höchstkurs)
      L = Lowest (Tiefstkurs)
      C = Close (Schlusskurs)

– Beginnen Sie nun mit Ihrer Chartanalyse!

Mithilfe dieser ausgewählten Voreinstellungen können Sie das Signal bestimmen. Schauen Sie sich bitte erst einmal den Chart an. Sie sehen weiße und rote Balken. Diese nennt man in der Fachsprache »Candlesticks«. Sie stellen jeweils einen Börsentag dar. Ein steigender Candlestick bedeutet, dass der Schlusskurs des Tages höher war als der Eröffnungskurs zu Handelsbeginn. Bei einem fallenden Candlestick war der Schlusskurs niedriger als der Eröffnungskurs. Ebenfalls angezeigt wird die SMA-Linie (rote Linie). Sie gibt uns den Bewegungsdurchschnitt des Werts der letzten 12 Handelstage wieder. Geht die SMA-Linie nach oben, steigt der Kurs tendenziell. Geht die Linie nach unten, fällt der Kurs eher!

Candlesticks im Detail

In diesem Teil des Buches werden Sie erfahren, wie Sie die einzelnen Candlesticks lesen können. Diese Fähigkeit bildet die Grundlage für Ihren späteren Handel. Sehen wir uns die »Candlesticks« etwas genauer an.

Hier folgt die Darstellung eines Candlesticks, der einen »Bullenmarkt«, also einen Kursanstieg markiert:

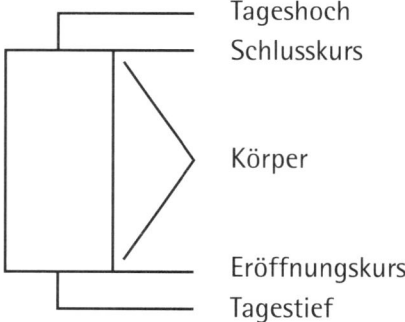

Wie Sie sofort erkennen können, ist der Schlusskurs höher als der Eröffnungskurs. Dieser Candlestick zeigt also einen Kursanstieg an. Der obere Schatten definiert den Tageshöchstkurs, der untere den Tagestiefstkurs. Der Körper des steigenden Candlesticks ist entweder weiß oder grün eingefärbt, je nach Chartanbieter.

Hier sehen Sie ein Beispiel für einen fallenden Candlestick, der einen im Tagesverlauf fallenden Kurs zeigt und damit einen »Bärenmarkt« repräsentiert:

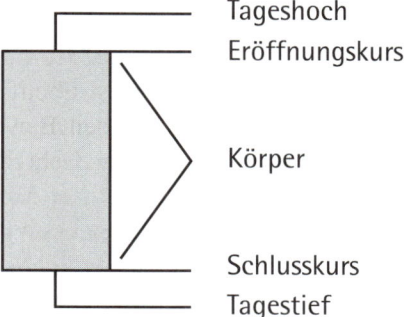

Was an diesem Candlestick sofort ins Auge sticht, ist die Tatsache, dass der Eröffnungskurs weit über dem Schlusskurs liegt, der Markt also heute nachgegeben hat.

Auch hier bildet der obere Schatten den Tageshöchstkurs und der untere Schatten den Tagestiefstkurs.

Je nach Chartanbieter ist der Körper des fallenden Candlesticks entweder grau, schwarz oder rot eingefärbt.

So zeigen uns Candlesticks den Verlauf eines kompletten Börsentages und wir können uns sehr schnell einen Überblick über die Machtverhältnisse zwischen »Bullen« (steigender Markt) und »Bären« (fallender Markt) verschaffen.

Bei den genannten Beispielen handelte es sich jeweils um die Darstellung des Kurses eines einzelnen Börsentages. Natürlich kann man auch andere Zeitintervalle wählen, wie z. B. eine Woche, einen Monat oder gar eine Minute. Die Ausgangslage der Candlesticks ist hierbei immer gleich.

Bei unserer Strategie geht es jedoch ausschließlich um Tagescharts. (Mit den anderen Zeitintervallen beschäftige ich mich unter anderem im Buch »Signalhandel 3 – Intraday Trading«).

Kapitel 2

Der neutrale Doji

Genau wie die steigenden und fallenden Candlesticks gibt uns auch der Doji (die Mehrzahl heißt ebenfalls Doji) einen Überblick über den aktuellen Stand des Marktes und des ewig währenden Kampfes zwischen dem Bullen und dem Bären.

Wie Sie in der Grafik unten erkennen können, hat ein »Doji« keinen Körper (sollte der Schlusskurs zum Eröffnungskurs nur minimal differieren, also ein minimaler Körper vorhanden sein, so können Sie dies ebenfalls als Doji ansehen). Der Eröffnungskurs hat den gleichen Wert wie der Schlusskurs. Ein Doji deutet auf ein ausgeglichenes Kräfteverhältnis zwischen Bullen und Bären hin. Bei unserer Signalanalyse gilt der Doji als neutral. Was dies bedeutet, erfahren Sie im Laufe der nächsten Seiten.

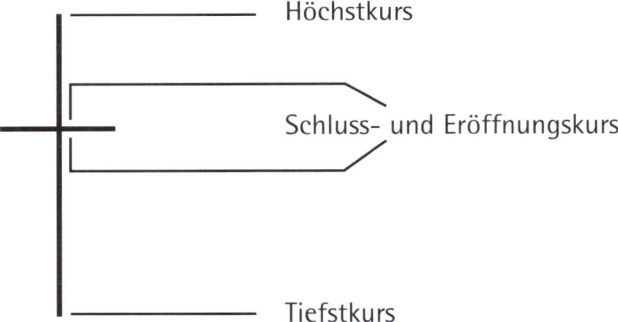

Wie sieht ein steigendes Signal aus, bei dem Sie handeln sollten?

Steigendes Signal

Achten Sie im Chart auf den Wechsel von einem fallenden Candlestick zu einen steigenden, wie Sie ihn in der nachfolgenden Darstellung erkennen können. Hierbei ist es wichtig, dass die steigende Kerze einen ausgeprägten Körper hat, der somit eine starke Kursbewegung widerspiegelt.

Signalerkennung

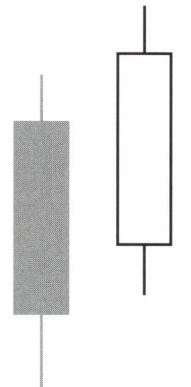

Wenn die SMA-Linie jetzt ebenfalls nach oben tendiert, ist dies ein Signal für zu erwartende Kurssteigerungen am kommenden Tag!

Sehen Sie sich solch ein steigendes Signal in einem Chart an:

Die letzten zwei Candlesticks zeigen einen wunderbaren Übergang von einem fallenden auf einen steigenden Candlestick. Die SMA-Linie ist ebenfalls deutlich steigend.

Anmerkung
Für die Signalanalyse nehmen wir natürlich nur die zwei letzten Candlesticks im Chart, beobachten also die letzten zwei Handelstage. Außerdem sollten sich die Kerzen bei einem steigenden Signal immer über der SMA-Linie befinden.

Jetzt wissen Sie, wie ein steigendes Signal aussieht. Als Nächstes sehen Sie die Kursentwicklung des nächsten Tages und, viel wichtiger, ob Sie mithilfe des Handelssignals etwas verdient hätten.

Dies ist die Kursentwicklung des folgenden Tages:

Wie Sie sehr gut erkennen können, ist der Markt am nächsten Tag weiter gestiegen. An diesem Tag hat der Kurs um 11 Punkte zugelegt (ausgehend von unserem Kaufkurs, worüber Sie an anderer Stelle mehr erfahren werden).

War das schon alles?

Nein, wieso sollten Sie nicht noch den einen oder anderen Tag in diesem Wert investiert bleiben? Betrachten Sie also den weiteren Kursverlauf.

Der Chartverlauf der folgenden Tage:

Im weiteren Chartverlauf für eine Woche ist ganz klar zu erkennen, dass der steigende Kurs an Fahrt gewonnen hat.

Dieser Trade hätte Ihnen knapp 70 Punkte eingebracht – ein schönes Ergebnis. Generell können Sie dieses Signal solange weiterhandeln, bis es sich wieder ändert (je nachdem, wie Sie Ihre Stopps platziert haben – dazu später mehr).

Wie Sie wahrscheinlich ohne Probleme feststellen können, finden Sie in diesem Chart mehrere brauchbare Einstiegssignale, die bereits gewisse Zeit zurückliegen. Ich habe Ihnen auf der nächsten Seite die Signale dieses Charts nochmals eingezeichnet und deren verschiedene Wertigkeiten dazu erläutert, damit Sie diese besser nachvollziehen können. Dazu wurden die jeweiligen Signale nach dem Schulnotensystem bewertet, um Ihnen transparenter aufzuzeigen, wie ein gutes Signal aussieht.

Kapitel 2

Weitere Signale in diesem Chart[4]

1. Dieses Signal ist eher mittelmäßig, da die steigende Kerze etwas klein ist. Kleine Kerzen sprechen immer für wenig Bewegung im Markt, sind aber trotzdem handelbar.
   Note: 3

2. Hier gibt es kein richtiges Signal, da die steigende Kerze viel zu klein ausgefallen ist. Diese würde ich eher als Doji werten.[5]
   Note: 6

3. Bei diesem Signal gilt das Gleiche wie bei Punkt 1: Die Kerzen sind sehr klein und geben daher an, dass sehr wenig Bewegung im Markt ist.
   Note: 3 –

---

[4] Diese Signale hätten Sie natürlich nur handeln können, wenn sie auch am Tag Ihrer Analyse aufgetreten wären.

[5] Signal 2: Hätten Sie hier die kleine steigende Kerze als Doji (hier hat die Kerze zwar einen kleinen Körper, dennoch kann man sie noch als Doji ansehen) gewertet und erst die darauf folgende als steigende Kerze, wäre dieses Signal ein sehr brauchbares gewesen und hätte die Note 3 + erhalten.

4. Hier haben wir ein Signal, das absolut in Ordnung ist. Hinzu kommt, dass die steigende Kerze keinen Schatten nach oben hat. Das bedeutet, dass der Schlusskurs auch gleichzeitig das Tageshoch war. Dies spricht für einen starken Markt.

   Note: 2

5. Dies ist eine besondere Konstellation mit drei Kerzen. Es gibt eine fallende Kerze, einen Doji und eine schöne steigende Kerze, bei der das Tageshoch gleichzeitig der Schlusskurs war. Sollten Sie so ein Signal mit einem Doji finden, behandeln Sie bitte den Doji als neutral, also als nicht vorhanden.

   Note: 2

6. An diesem Signal passt eigentlich alles: Sie sehen zwei schöne aussagekräftige Kerzen und die SMA-Linie ist auch in Ordnung. Wie Sie erkennen können, ist dieses Signal allerdings am nächsten Tag gegen die prognostizierte Richtung gegangen. An dieser Stelle kann ich Ihnen schon einmal sagen, dass Sie dieser Trade keinen Cent gekostet hätte, da Ihre Order nicht aktiv geworden wäre. Hierzu später mehr.

   Note: 2

7. Ist hier Ihrer Meinung nach überhaupt ein Signal zu erkennen? Nein, definitiv nicht. Die Kerzen ordnen sich unterhalb der SMA-Linie an und nicht – wie gewünscht – darüber. Außerdem verläuft die SMA-Linie ganz klar seitwärts und nicht nach oben. Somit gibt es hier kein Signal.

   Note: 6

8. Genau wie bei 7., nur mit dem kleinen, aber feinen Unterschied, dass die SMA-Linie bereits eine Tendenz nach unten zeigt. Ganz klar kein Signal!

   Note: 6

9. Auch hier erscheint zwischen den zwei Kerzen ein Doji, den wir ebenfalls vernachlässigen können. Die Kerzen liegen nun wieder deutlich oberhalb der SMA-Linie und haben auch ein gewisses Volumen, was für stärkere Bewegung im Markt spricht.

   Note: 2

10. Ein gutes Signal: zwei schöne Kerzen, eine eindeutig steigende SMA-Linie in einem steigenden Trend. Wie wichtig bei unseren Signalen ein vorherrschender Trend ist, werden Sie auf den nächsten Seiten erfahren.
Note: 2+

Vermutlich vermissen Sie bei meinen Beispielen für Signale eine Konstellation mit der Benotung 1: Dieses Signal gibt es schlichtweg nicht. Es ist zudem wichtiger zu erkennen, welches ein gutes und welches ein schlechtes Signal ist. Das perfekte Signal zu suchen, ist Zeitverschwendung.

Jetzt komme ich zu einem Thema, das mindestens genauso wichtig ist wie das Signal: die diesem zugrunde liegenden Trends.

Steigender Trend

Wie wir im Chart gesehen haben, liegt unseren Signalen eine starke und konstante Aufwärtsbewegung zugrunde, die man daran erkennen kann, dass die Kerzen immer wieder ein neues Hoch erreichen.

Dies erhöht natürlich unsere Chancen auf einen erfolgreichen Trade ungemein. Das heißt im Klartext, dass Sie steigende Signale handeln sollten, sofern auch ein ganz klar steigender Markt vorhanden ist bzw. ein steigender Trend vorliegt.

Ich war während meiner Seminare immer wieder etwas erstaunt, wenn einige Seminarteilnehmer, die bereits über ein Grundwissen rund um die Börse verfügten, die Frage, wie sich ein Trend definiert, nicht richtig beantworten konnten. Zwar konnten sie meist alles über Fibonacci und Elliott-Wellen erzählen, wussten aber nicht, wie ein Trend aussieht.

Dass dies aber eines der wichtigsten Themen überhaupt ist, um am Markt richtig positioniert zu sein, werden Sie gleich selbst feststellen.

Was ist ein steigender Trend?

Von einem steigenden Trend spricht man, wenn dem Kurs sowohl immer wieder neue Hochs als auch Korrekturen vorliegen. Lange Rede, kurzer Sinn: Ich denke, die Abbildung sagt mehr als tausend Worte.

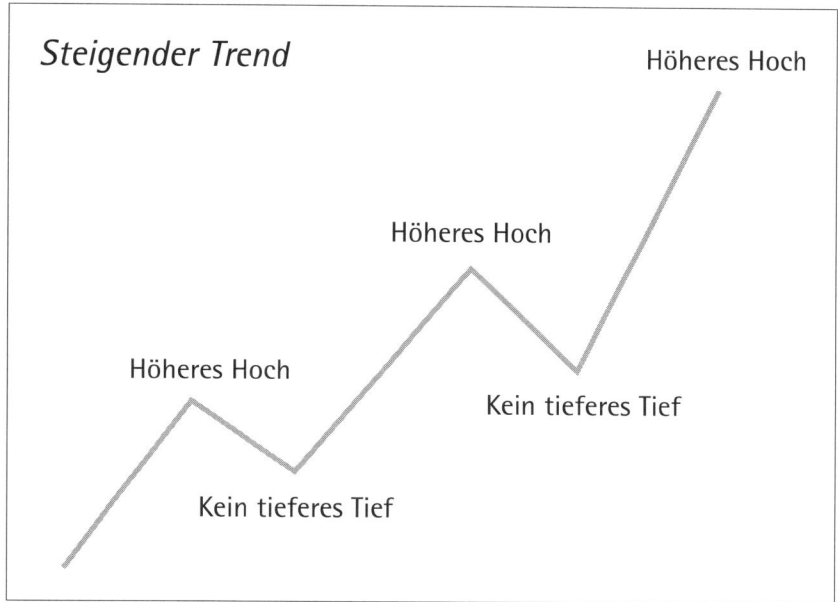

Ein steigender Trend definiert sich immer durch einen Anstieg und eine darauffolgende Korrektur. Der Anstieg muss dabei immer höher sein als der vorherige und die Korrektur darf nicht tiefer sein als die vorherige.

Ein steigender Trend muss also immer ein höheres Hoch und darf kein tieferes Tief aufweisen.

Sehen Sie sich den abgebildeten Chart genauer an und entscheiden Sie, welcher Trend vorliegt.

Wie Sie sehr schön erkennen können, liegt bei diesem Chart ein erstklassiger steigender Trend vor. An Punkt 1 sehen Sie ein höheres Hoch, gefolgt von keinem tieferen Tief an Punkt 2 und einem wiederum neuen höheren Hoch an Punkt 3.

Warum ist es wichtig, bei steigenden Signalen immer auch darauf zu achten, dass ein steigender Trend vorliegt?

Die Frage ist sehr leicht zu beantworten: In einem Trend gibt es immer wieder neue Käufer, die in diesen Wert investieren, da sie, genau wie Sie, gute bis sehr gute Gewinne erwarten. Dies hat dann selbstverständlich zur Folge, dass der Kurs durch die Kaufaufträge der neu hinzugekommenen Käufer weiter zulegen wird.

Ein weiser Mann hat einmal gesagt[6]:
»Um an der Börse Erfolg zu haben, musst Du Dir das Gesetz der selbsterfüllenden Prophezeiung zunutze machen.«

---

[6] Mehr zu diesem Thema erfahren Sie unter anderem in »Signalhandel 2 – Strategien und Techniken«.

Genau das tun wir auch. Es wäre doch paradox, in einen Markt zu investieren, der keinen klaren Trend aufweist, da es nicht absehbar ist, ob und wann hier Bewegung hineinkommt. In obigem Fall können wir davon ausgehen, dass Bewegung vorhanden ist und wahrscheinlich weiter Bewegung hinzukommen wird. Somit sind die Chancen auf einen lukrativen Trade sehr hoch.

Wann gilt ein steigender Trend als gebrochen?

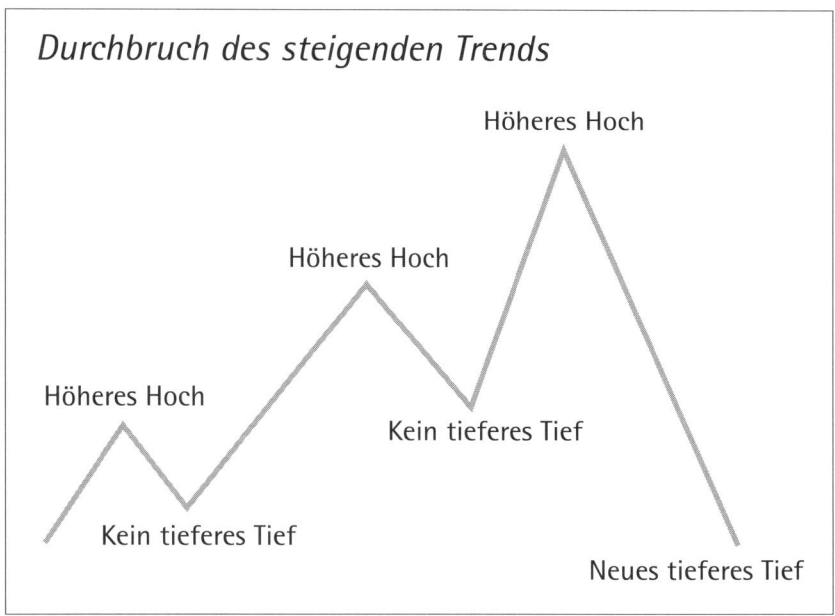

In dieser Abbildung können Sie klar erkennen, dass das neue höhere Hoch ein ganz klares tieferes Tief nach sich gezogen hat. Der steigende Trend wurde also durchbrochen.

Machen Sie sich an dieser Stelle aber bitte klar, dass ein durchbrochener steigender Trend nicht zwangsläufig auch einen intakten fallenden Trend nach sich zieht. Dazu jetzt mehr, da ich Ihnen nun die sehr lukrativen fallenden Signale näherbringen möchte.

Kapitel 2

Fallendes Signal

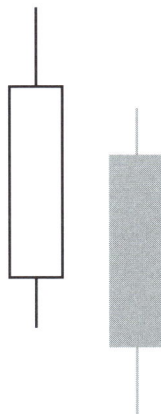

Was ist ein fallendes Signal, bei dem wir handeln sollten?

Wie Sie sich vielleicht schon denken können, ist es hier genau anders herum als beim steigenden Signal. Wir benötigen e**ine steigende Kerze, gefolgt von einer ganz klar fallenden**. Auch hier sollte ein aussagekräftiger Körper vorhanden sein. Die SMA-Linie muss klar erkennbar nach unten gehen und die Kerzen sollten sich auch unterhalb der SMA-Linie anordnen.

Ein Beispiel für eine solche Bewegung zeigt dieser Chart:

Wie Sie sehen können, gibt es mit den letzten zwei Candlesticks einen wunderbaren Übergang von einem steigenden auf einen fallenden Candlestick. Die SMA-Linie ist ebenfalls fallend und die Kerzen ordnen sich unterhalb der SMA-Linie an. Im auf den nächsten Seiten folgenden Chartbild erkennt man die weitere Kursentwicklung nach dem Signal und die sich daraus ergebende Gewinnmöglichkeit.

Anmerkung
Ein Abwärtstrend sieht optisch meist nicht so fließend und perfekt aus wie ein Aufwärtstrend. Dies hat damit zu tun, dass bei einem steigenden Markt die Bewegungen konstanter und gleichbleibender sind. Bei einer Abwärtsbewegung herrscht immer auch das Chaos. Generell muss man aber sagen, dass die einzelnen Bewegungen eines Abwärtstrends in der Regel etwas stärker sind als bei einem Aufwärtstrend. Hier nenne ich ein Beispiel, das ich auch immer während meiner Seminare nutze, um das ganze Thema etwas besser zu verdeutlichen und das vorherrschende psychologische Momentum eines fallenden Marktes etwas näher zu bringen.

Stellen Sie sich vor, es würden zehn Personen in einen komplett dunklen Raum eingesperrt. Diese Menschen täten dies zwar freiwillig, aber dadurch, dass sie nichts mehr sehen, gäben sie doch ein großes Stück Kontrolle und Wahrnehmung ab.

Was – meinen Sie – würde passieren, wenn einer dieser zehn Personen in dem dunklen Raum anfinge zu jubeln? Glauben Sie, dass die anderen neun, die um ihn herumstehen, ebenfalls sofort anfangen würden zu jubeln oder ihn erst einmal für verrückt erklären würden? Vielleicht wäre aber auch die eine oder andere Frohnatur dabei, die den Jubel erwidert. Auf jeden Fall aber würde es einige Zeit dauern, bis sich die gute Stimmung im Raum auch auf die anderen Personen übertragen hätte.

Was aber würde passieren, wenn einer dieser zehn Menschen auf einmal anfinge, laut um Hilfe zu schreien, anstatt zu jubeln? Die Antwort ist, glaube ich, jedem klar, da man sich gedanklich leicht selbst in diese Lage versetzen kann: Man bekommt es zwangsläufig mit der Angst zu tun, vielleicht geht es bei einigen auch soweit, dass sie komplett in Panik ausbrechen! Auf jeden Fall lässt sich Angst schneller verbreiten als gute Stimmung.

Genau das Gleiche passiert am Aktienmarkt. Bei ansteigenden Märkten kommen neue Käufer hinzu, meist sehr konstant. Es entsteht also langsam, aber sicher eine positive Stimmung im Markt. Dies erkennen Sie unter anderem auch daran, dass in Zeiten neuer Hochs, wie z. B. als der Dow Jones ein neues Allzeithoch erreicht hatte und der Dax auch nicht mehr sehr weit von seinem Allzeithoch entfernt lag, immer mehr Leute, auch die, die sonst mit Aktien nicht viel am Hut haben, sich nun denken, dass der Markt nur eine Richtung kennt und somit auch sie von dieser Entwicklung profitieren können, ja sogar müssen. Genau das ist der Grund, der den Markt immer weiter steigen lässt.

Das andere Extrem zeigt sich, sobald der Markt korrigiert und ins Minus dreht. Aufgrund der Tatsache, dass man bares Geld verlieren wird, sofern man seinen Trade nicht glattstellt, ist es hier meist die blanke Panik, die diese Leute zu einem Verkauf treibt, der wiederum die Kurse weiter fallen lässt.

Ich hoffe, dieses Beispiel hat Ihnen das, was ich damit ausdrücken wollte, anschaulich verdeutlicht, so dass wir nun mit unserem fallenden Signal fortfahren können.

Hier sehen Sie, wie sich dieses Signal am nächsten Tag entwickelt hat:

Wie Sie sehr gut erkennen können, ist der Markt am nächsten Tag weiter nach unten gegangen. An diesem Tag hat der Kurs 102 Punkte verloren (ausgehend vom Kaufkurs, über den Sie an anderer Stelle mehr erfahren). Schauen Sie auch hier, wie sich der Wert im Laufe der Woche noch entwickelt hat.

Weiterer Chartverlauf:

Hier sehen Sie den weiteren Chartverlauf für den Rest der Woche. Es ist ganz klar zu erkennen, dass der fallende Kursverlauf sich fortgesetzt hat. Dieser Trade hätte Ihnen knapp 235 Punkte eingebracht.

Wie Sie feststellen können, sind in diesem Chart mehrere Einstiegssignale auszumachen. Die Beurteilung dieser Signale erkläre ich Ihnen auf der folgenden Seite. Wie beim steigenden Signal habe ich auch hier verschiedene Konstellationen im Chart markiert und diese anhand von Schulnoten bewertet.

Kapitel 2

Weitere Signale in diesem Chart[7]:

1. Kein Signal, da die fallende Kerze ganz klar ein Doji ist. Auch wenn man die nächste Kerze noch hinzugezogen hätte, wäre das Signal nicht besser geworden, da auch bei dieser Kerze der Körper zu klein geraten ist.

   Note: 6

2. Eine große steigende Kerze, gefolgt von einer weiteren großen (fast schon zu großen – dazu aber später mehr –) fallenden Kerze. Beide liegen unter der SMA-Linie, die auch klar fallend ist.

   Note: 3

3. Verhältnismäßig gutes Signal. Dieses Signal wäre aber nicht aktiv geworden, auch dazu später mehr.

   Note: 3

4. Kein gutes Signal, da die fallende Kerze einen viel zu kleinen Körper hat.

   Note: 5 –

---

[7] Diese Signale hätten Sie natürlich nur handeln können, wenn sie auch am Tag Ihrer Analyse aufgetreten wären.

5. Hier folgt wieder ein Signal mit drei Kerzen: einer steigenden, einem Doji und einer fallenden. Das Signal befindet sich noch unter der SMA-Linie und ist somit auf jeden Fall handelbar. Auch hier wäre unsere Order aber nicht aktiv geworden.
Note: 3

6. Absoluter Schrott: Die fallende Kerze befindet sich weit oberhalb der SMA-Linie, die auch nicht mehr klar fallend ist, sondern seitwärts verläuft.
Note: 6

7. Die zwei Kerzen sind generell in Ordnung, leider macht uns aber hier die SMA-Linie einen Strich durch die Rechnung, da diese nicht mehr klar fallend ist.
Note: 6

8. Relativ gutes Signal, auch wenn die steigende Kerze sehr klein geraten ist. Hier ist die SMA-Linie aber wieder klar fallend und die Kerzen ordnen sich darunter an.
Note: 3

9. Sehr schlechtes, eher gar kein Signal, da die steigende Kerze ein Doji ist und auch die fallende Kerze ziemlich klein geraten ist.
Note: 5 –

10. Verhältnismäßig gutes Signal, da wir hier eine einigermaßen vernünftig steigende Kerze und eine schöne fallende Kerze haben, die sich unter der SMA-Linie anordnen, die ebenfalls nach unten verläuft.
Note: 2

Kapitel 2

Fallender Trend

Der Vollständigkeit halber ist auch den Trendverlauf eines fallenden Trends abgebildet.

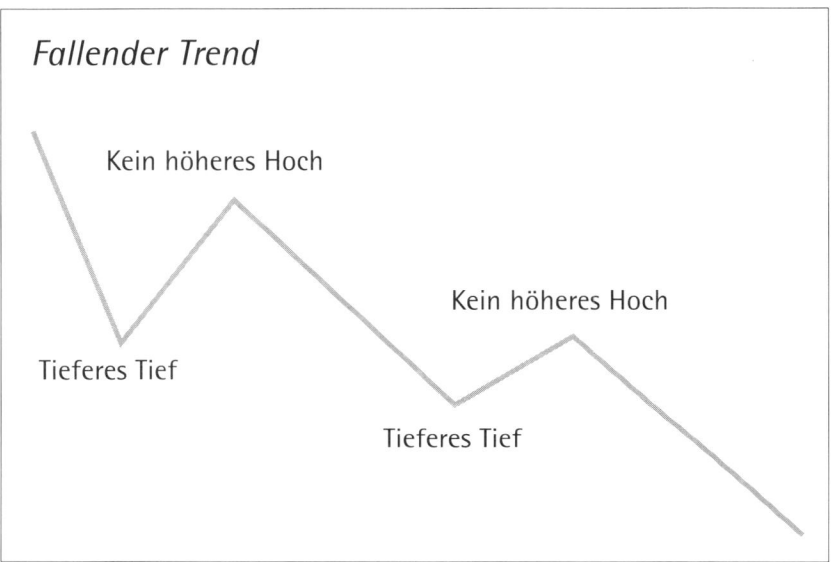

Anhand dieser Grafik möchte ich Ihnen den Themenbereich verdeutlichen.

Ein fallender Trend definiert sich immer durch einen Kursfall und eine entsprechende gegenläufige Korrektur. Der Kursfall muss dabei immer tiefer sein als der vorherige und die Korrektur darf nicht höher sein als die vorherige.

Ein fallender Trend muss also immer ein tieferes Tief und darf kein höheres Hoch aufweisen.

Signalerkennung

Welcher Trend liegt beim nun dargestellten Chart vor?

Damit Sie den Trend gut erkennen können, habe ich im Chart die Ansicht von 3 auf 6 Monate geändert. Dies empfiehlt sich, falls Sie in der aktuellen Ansicht den Trend nicht genau erkennen können. Sie können hierbei auch eine längere Zeiteinheit wie z. B. ein Jahr wählen. Wichtig ist, dass Sie erkennen können, ob ein Trend vorliegt oder nicht.

In diesem Chart kann man deutlich einen Trend ausmachen. An Punkt 1 sehen wir ein tieferes Tief, gefolgt von keinem höheren Hoch an Punkt 2 und einem wiederum neuen tieferen Tief an Punkt 3.

Kapitel 2

Wann gilt ein fallender Trend als gebrochen?

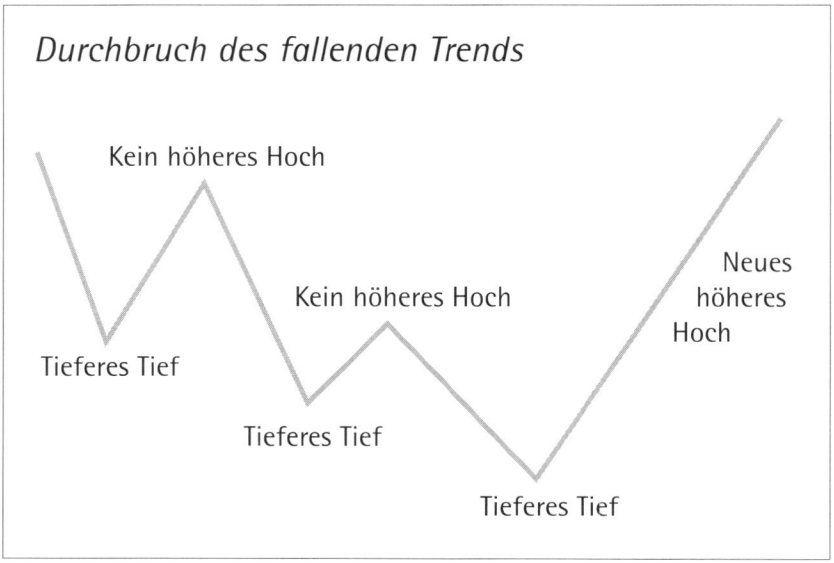

In dieser Abbildung hat das neue tiefere Tief ein höheres Hoch nach sich gezogen. Der fallende Trend wurde also durchbrochen. Machen Sie sich bitte auch an dieser Stelle klar, dass ein durchbrochener fallender Trend nicht zwangsläufig einen intakten steigenden Trend nach sich zieht.

Wie ich Ihnen zuvor bereits beim steigenden Signal erklärt habe, macht es immer Sinn, sich Signale zu suchen, bei denen ein Trend zugrunde liegt. Zum jetzigen Zeitpunkt (Mitte 2007) ist die Situation so, dass die Märkte bereits das ganze Jahr ansteigen. Deshalb macht es selbstverständlich Sinn, in einen der vielen ansteigenden Werte zu investieren (natürlich nur, sofern auch ein vernünftiges Signal vorhanden ist), von denen sehr viele auch einen steigenden Trend aufweisen.

Wenn Sie nun aber nach einem fallenden Trend suchen, werden Sie sich sicher etwas schwer tun, diesen auch zu finden.

Da der Markt nicht permanent nach oben gehen wird und uns den Handel nicht immer so leicht machen wird, wie es momentan der Fall ist, brauchen wir natürlich auch einen Plan für den Fall, dass der Markt dreht. Wie Sie sich vielleicht vorstellen können, bedarf ein vernünftiger Trendaufbau normalerweise mehrere Wochen.

Auf den zurückliegenden Seiten dieses Buches habe ich Ihnen den Handel von großen bzw. übergeordneten Trends erläutert. Von einem großen Trend sprechen wir, wenn sich dieser wirklich über Monate oder gar Jahre hinzieht.

Eine Strategie wäre allerdings nur die Hälfte wert, wenn sie lediglich in bestimmten Marktphasen funktionieren würde, wie z. B. in den eben erwähnten Märkten mit starken Trends nach oben oder unten. Auch wenn das Handeln in Trends die sicherste Methode zu sein scheint, nutzen wir eine andere Strategie.

Ich werde Ihnen auf den folgenden Seiten zeigen, dass Sie auch handeln können, wenn der Markt keine bzw. kleine Trends aufweist und was Sie dabei beachten sollten.

Kleiner Trend

Handeln eines kleinen Trends

Beim Handeln außerhalb eines vorliegenden Trends gibt es ein paar Dinge zu beachten.

Sie sollten immer nur in einen Wert einsteigen, wenn dem Signal schon eine starke Bewegung vorangegangen ist und der Chartverlauf darauf schließen lässt, dass der Kurs noch Potenzial in die eingeschlagene Richtung hat.

Hier ein Beispiel:

Bei diesem Chart liegt aktuell ein kleinerer Trend vor. Dieser liefert uns durch die letzten zwei Kerzen ein sehr schönes steigendes Signal. Außerdem sehen Sie durch die letzten drei Kerzen (inkl. unserem Signal), dass der Markt von einer Seitwärtsbewegung nun stark angestiegen ist.

Es folgt diese Abbildung in der 6-Monats-Anzeige:

Hier können Sie etwas klarer erkennen, dass ein Trend vorhanden ist, wenngleich auch nur ein relativ kleiner.

Wie bereits erwähnt, ist bei dieser Art von Trend wichtig, dass dem Signal eine starke Bewegung vorausging, die diesen Trend gebildet hat. Deshalb ist hier ein Einstieg ohne Weiteres möglich. Wie wichtig diese starke Bewegung ist, die diesen Trend definiert, lässt sich auf den folgenden Seiten veranschaulichen.

Kapitel 2

Hier sehen Sie ein Einstiegssignal, einen Monat vor unserem ursprünglichen Signal. Ein Trend ist noch nicht definiert und der Kurs verläuft relativ seitwärts. Was mit diesem Signal passiert ist, verdeutliche ich Ihnen mithilfe der nächsten Abbildung.

Signalerkennung

Der Markt wäre erst einmal gnadenlos gegen Sie gelaufen. Wenngleich ich darauf hinweise, dass auch diese Order nicht aktiv geworden wäre und wir im richtigen Handel kein Geld verloren hätten.

Trotzdem veranschaulicht Ihnen dieses Bild ganz gut, was passiert, wenn noch zu wenig Aufwärtsdruck im Markt ist und auch noch kein Trend definiert wurde.

Ganz anders stellt sich die Situation beim tatsächlichen Einstiegssignal dar. Den Chart mit Signal und dem dazugehörigen Trendverlauf finden Sie auf der nächsten Seite.

Kapitel 2

Hier ist Bewegung in den Markt gekommen und das sehr ertragreiche Signal wurde erst bei 12.006 Punkten ausgestoppt.[8]

Ein Einstieg hätte bei 11.380 Punkten stattgefunden. Sie hätten also mit diesem Trade und der Stopptechnik (dazu später mehr) 626 Punkte verdient.

Wichtig ist es also immer, bei den zu handelnden Signalen darauf zu achten, wie sich diese im Chart darstellen. Sie sollten stets in einen großen Trend einsteigen. Sollte dieser nicht vorhanden sein, ist es ohne Probleme möglich, in einen kleineren Trend zu investieren, solange die wenigen Details, die auf den letzten Seiten angesprochen wurden, beachtet werden.

Wenn kein Trend vorliegt, muss zumindest vor dem Signal schon eine klare Richtung definiert sein, die auf eine weitere starke Bewegung schließen lässt, um einen Trade zu rechtfertigen. Gerade am Anfang sollten Sie sich aber an Werte halten, die bereits einen kleinen oder großen Trend gebildet haben. Sie werden mit der Zeit selbst erkennen, ob es Sinn macht, in Werte ohne einen vorhandenen Trend zu investieren.

---

[8] Dieses Signal wäre nicht aktiv geworden und dient deshalb nur zur Anschauung!

Wie ich bereits öfter erwähnt habe, wären einige unserer Signale nicht aktiv geworden. Dies ist ein ganz wichtiger Aspekt unserer Strategie, auf den ich auf den folgenden Seiten detailliert eingehen werde, da er uns nur zu oft vor Blindgängern bewahren wird.

Unser Kaufkurs

Sie können nun die Signale bestimmen, das ist Punkt 1. Wie Sie aber oben bereits gesehen haben, ist das nicht immer ausreichend, damit ein Signal auch wirklich funktioniert. Daher habe ich noch weitere Absicherungen in die Signalhandelsstrategie eingebaut, damit wir mit unserer Order nicht in das offene Messer laufen, wenn der Kurs sich schließlich doch in die andere Richtung entwickelt.

Wenn Sie ein Signal bestimmt haben und die Order für den nächsten Tag bei Ihrem Broker eingeben möchten, dann nehmen Sie nicht den aktuellen Schlusskurs. Sollten Sie auf steigende Kurse handeln wollen, nehmen Sie vielmehr den Tageshöchstkurs des zurückliegenden Handelstages. Diesen finden Sie, indem Sie mit der Maus die letzte Kerze markieren.

Bei fallenden Signalen nehmen Sie bitte den Tagestiefstkurs des zurückliegenden Handelstages.

Damit können Sie ausschließen, dass Ihre Order aktiv wird und der Kurs gleich im Anschluss in die falsche Richtung geht. Ihr Signal ist um einiges treffsicherer, wenn Sie beim Tageshöchst- (bei steigenden Trends) oder Tagestiefstkurs (bei fallenden Kursen) kaufen!

Sehen wir uns das Ganze einmal etwas genauer in der Praxis an.

Einstieg bei einem steigenden Signal:

Hier zeigt sich ein schönes steigendes Signal, das wir gerne handeln möchten. Wir markieren also die letzte Kerze mit unserer Maus, bis das kleine Fenster mit den Kursdaten aufgeht.

Das Tageshoch (unter H = High) liegt bei 2.088 Punkten. Dies ist dann auch der Einstiegskurs, den wir bei unserem Broker bzw. auf dessen Plattform eingeben müssen.

Bei einem fallenden Signal gehen wir ebenso vor.

Einstieg bei einem fallenden Signal:

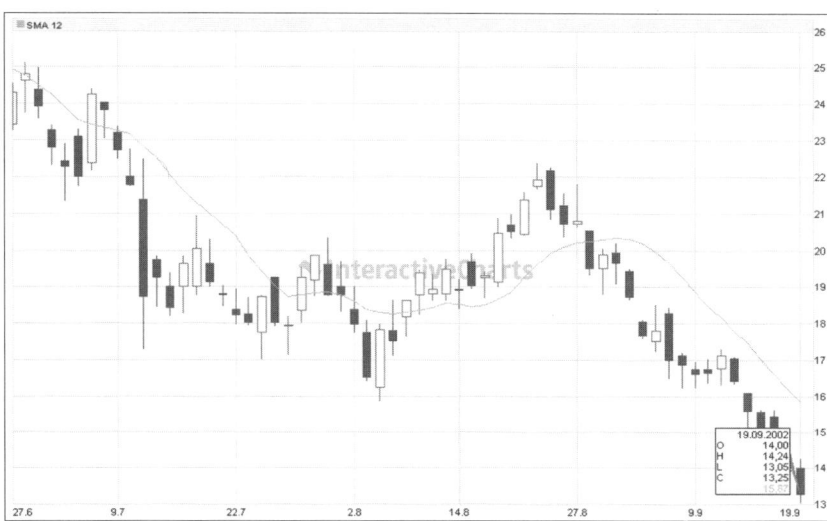

Der Chart liefert ein Beispiel für ein fallendes Signal, das in dieser Darstellung allerdings durch das aufgeklappte Informationsfenster verdeckt ist.

Der Einstiegskurs ist jedoch deutlich im Datenfenster unter L = Low zu erkennen. Wir nehmen also das Tagestief bei 1.305 Punkten. Dies ist unser Einstiegskurs für den fallenden Trade.

Jetzt können Sie anhand der Abbildungen im Buch und dieser Regeln ganz genau nachvollziehen, welche Signale aktiv geworden wären und welche davon Blindgänger waren.

Lassen Sie uns nun das Kapitel Signalerkennung mit einer kleinen Zusammenfassung abschließen und dann zu einem Thema kommen, das für viele erfolgreiche Trader noch wichtiger ist als der Einstieg: der Ausstieg.

Kapitel 2

Zusammenfassung inkl. Anekdote

Ich wurde im Laufe der Zeit immer wieder von Teilnehmern in meinen Seminaren oder per E-Mail angesprochen, die meinten, es sei unmöglich, dass es eine so einfache Strategie gebe und diese dann auch noch funktioniere. Mittlerweile wissen all jene aber, dass es sehr wohl möglich ist, und handeln bereits erfolgreich danach.

Gute und erfolgreiche Strategien sollten immer einfach sein, je einfacher desto besser. Ich finde es selbst manchmal sehr interessant und auch zeitweise amüsant, hin und wieder in verschiedenen Foren zu stöbern und zu lesen, welche neuen Strategien oder Analysetools angeboten werden, um den zukünftigen Kursverlauf möglichst exakt prognostizieren zu können.

Die Krönung für mich war aber, als ich in einem meiner Seminare einen Herrn begrüßen durfte – er arbeitet bei einer großen Bank in der Wertpapierabteilung –, der mir erzählte, wie viel Geld seine Bank jedes Jahr für neue Software etc. ausgibt, um erfolgreichen Handel zu tätigen. Mein Buch kaufte er privat, um selbst hin und wieder in seiner knapp bemessenen Freizeit zu handeln. Ich war ziemlich überrascht, als er mir erzählte, dass er mit unserer Strategie eine um ein Vielfaches höhere prozentuale Rendite erreicht hatte als die Analysten in seiner Bank nach deren Handelsstrategien. Bleibt zu erwähnen, dass es um einiges einfacher ist, ein vier- bis sechsstelliges Kapital prozentual zu vermehren als die Kapitalbeträge, mit denen Banken arbeiten.

Aber Sie sehen:
Auch einfache Strategien können sehr erfolgreich sein!

Nun kommen wir zur Zusammenfassung:

Um ein steigendes Signal zu erhalten, benötigen wir den Übergang eines fallenden Candlesticks auf einen steigenden. Die SMA-Linie muss in diesem Fall ganz klar steigen und die Kerzen sich darüber anordnen. Optimalerweise liegt auch ein klarer steigender Trend vor.

Bei einem fallenden Signal stellt sich das Bild genau umgekehrt dar: Der Übergang muss von einem steigenden auf einen fallenden Candlestick erfolgen, die SMA-Linie ist ganz klar als fallend zu erkennen. Die Kerzen liegen unter der Linie und im Idealfall sollte ein fallender Trend vorhanden sein.

Sollten Sie sich bei einem Signal unsicher sein, fragen Sie sich bitte selbst, ob Sie eine starke Bewegung in der letzten Kerze erkennen können (es sollte ein aussagekräftiger Kerzenkörper vorhanden sein). Ist dies nicht der Fall, lassen Sie das Signal besser aus.

Handeln Sie bitte nie, wenn die SMA-Linie nicht genau zu identifizieren ist bzw. diese nur seitwärts geht und Sie meinen, die letzte Bewegung der SMA-Linie könnte mit sehr viel Zuversicht einen leichten Ausschlag nach oben oder unten aufweisen.

Die Veränderung muss ganz klar zu erkennen sein, nicht zu erahnen! Steigen Sie in den Handel nur zum Tageshöchstkurs (bei einem steigenden Signal) des zurückliegenden Handelstages ein bzw. zum Tagestiefkurs (bei einem fallenden Signal).

Zur Signalanalyse ziehen wir immer nur die letzten zwei Candlesticks des Charts heran, nicht die letzten fünf oder acht, nur die letzten zwei. Eine Ausnahme macht ein Doji. Tritt er auf, werden die letzten drei Candlesticks berücksichtigt.

Die Signalanalyse für den nächsten Handelstag führen wir immer erst nach Handelsschluss durch, da sich dann die Kurse nicht mehr ändern. Die Börsenzeiten finden Sie am Ende dieses Buches.

Führen Sie die Signalanalyse so bald als möglich bei einem Broker durch! Dies hat mehrere Vorteile: Zum einen sind die Kurse genauer und zum anderen werden Sie schneller mit der Tradingplattform des Brokers vertraut. Die Signalanalyse über die Bank Austria ist nur für diejenigen gedacht, die sich das Ganze erst einmal anschauen möchten, ohne sich dabei gleich bei einem Broker anzumelden (obwohl dies kostenlos ist)!

KAPITEL 3

Stopps

- Stopptechniken
- Zusammenfassung Stopps
- Die Duplizierbarkeit eines Signals

Kapitel 3

Stopptechniken

Was sind eigentlich Stopps und wie setze ich sie richtig ein?

Stopps haben die Aufgabe, den Anleger vor übermäßigen Verlusten zu schützen. Beim Handel besteht immer ein gewisses Restrisiko, egal wie gut unser Signal auch sein mag. Sollte der Worst Case eintreten und unsere Order aktiv werden, der Kurs danach aber mit großen Schritten in die falsche Richtung laufen, müssten wir bei einem bestimmten Kursniveau natürlich sagen: »Bis hierhin und nicht weiter«! Bei Unterschreiten des Stoppkurses würde unsere Order automatisch vom System des Brokers glattgestellt, also geschlossen werden. Stopps sorgen somit für ein kalkulierbares Risiko.

Es gibt aber nicht nur den Stopp, der uns vor Verlusten schützt und zu einem späteren Zeitpunkt unsere Gewinne sichert (diese Technik wird in »Signalhandel 2 – Strategien und Techniken« gelehrt), sondern auch die sogenannte Limit Order.

Die Limit Order gehört zur Familie der Stopps. Wir stellen mit der Eingabe des Limits sicher, dass der Trade vom Broker abgewickelt werden soll, sobald das Kurslimit erreicht ist. Sinnvoll ist die Erteilung einer Limit Order z. B., wenn wir uns mit einem vorher festgelegten Gewinn zufriedengeben.

Viele erfolgreiche Trader vertreten die Meinung, dass der Ausstieg aus einem Handel, also das Setzen der Stopps, wichtiger ist als der Einstieg. Für mich persönlich steht beides auf einer Stufe, da es natürlich immer Sinn macht, das Risiko bereits vor dem Einstieg anhand guter Signalanalyse zu minimieren.

Es ist ein bisschen so wie bei einem Flugzeug: Beim Start und bei der Landung ist das größte Gefahrenpotenzial vorhanden. Beim Trading verhält es sich ähnlich.

Wie wichtig eine gut funktionierende Stopptechnik ist, werden Sie nachfolgend erfahren.

Die richtige Stopptechnik

Unsere Stopptechnik ist relativ einfach zu verstehen und anzuwenden. Sie basiert darauf, dass wir mit einem Kursziel arbeiten. Wir wissen also schon, was wir mit diesem Trade gewinnen bzw. verlieren werden, bevor wir den Handel beim Broker platzieren. Die Trades haben meist auch nur eine relativ kurze Laufzeit von einigen Tagen oder Wochen.

Wie sieht das Ganze im Detail aus?

Wir arbeiten in diesem Fall mit einer Methode, die sich im Laufe der Zeit sehr bewährt hat und auch von anderen führenden Autoren als eine der besten Lösungen angesehen wird.

Bei dieser Technik müssen wir erst einmal unser Risiko definieren, also entscheiden, bei welchem Kurs wir aus dem Markt gehen, wenn sich der Kurs nicht in die von uns gewünschte Richtung bewegt. In diesem Fall sprechen wir von einem Stop-Loss-Kurs. Haben wir unseren Stop-Loss-Kurs definiert (ich erläutere gleich, wie Sie dabei vorgehen sollten), müssen wir die Differenz zwischen unserem Einstieg und der Höhe des Stopps ermitteln. Der Einfachheit halber gehen wir jetzt davon aus, dass unser Stopp 10 Punkte von unserer Einstiegsorder entfernt liegt. Wir haben also ein maximales Verlustrisiko von 10 Punkten. Da aber auch die Kosten des Brokers eine negative Position darstellen, müssen wir diese ebenfalls in den maximalen Verlust einbeziehen. Die Kosten für diesen Trade belaufen sich in unserem Beispiel auf 2 Punkte. Diese rechnen wir in unser maximales Verlustrisiko mit ein und liegen nun bei 12 Punkten Maximalverlust.

Wie ich Ihnen schon sagte, wissen wir, wie viel wir bei diesem Trade verdienen können, da wir schon vor dem Start des Trades festlegen, bei welchem Kursniveau wir im Gewinnfall aus dem Markt gehen werden. Wir verdoppeln einfach unser maximales Verlustrisiko, addieren dieses Ergebnis zum Kurs und wählen die Summe dann als Kursziel. In unserem Fall würden im Gewinnfall 24 Punkte (12 Verlustpunkte x 2) zu Buche stehen.

Wir sprechen hier von einem R-Vielfachen, wobei ein R immer den maximalen Verlust darstellt. In unserer Rechnung entspricht ein R genau 12 Punkten, also die Höhe des Stopps zzgl. des Spreads des Brokers. Wenn der maximale Verlust ein R ist, dann liegt der maximale Gewinn bei zwei R, da dieser doppelt so groß angesetzt wird.

Ich möchte Ihnen auch an dieser Stelle erklären, wieso es wichtig ist, dass der Verlust auf die Hälfte des Gewinns beschränkt ist, also das R-Vielfache im Gewinnfall immer mindestens zwei R betragen muss und im Verlustfall ein R.

Normalerweise haben wir mit unserer Signaltechnik ein Verhältnis zwischen Gewinn- und Verlusttrades von 7 zu 3. Also 7 Gewinntrades stehen 3 Verlusttrades gegenüber.

Da ein Gewinntrade zwei R entspricht, stehen nach 7 Trades 14 R zu Buche, wohingegen die Verlusttrades mit 3 R zu beziffern sind. Für Sie bedeutet das, dass Sie mit 10 Trades 11 R verdient hätten (14 R Gewinn abzüglich 3 R Verlust ergibt ein Ergebnis von 11 R).

Selbst wenn Sie das Verhältnis von 7 zu 3 zu Beginn Ihres Handels nicht erreichen sollten, sondern beispielsweise nur ein Verhältnis von 5 Gewinntrades zu 5 Verlusttrades erzielen würden, lägen Sie immer noch mit 5 R im Plus. Erst bei einem Verhältnis von 3 zu 7, also 3 Gewinntrades und 7 Verlusttrades, würden Sie mit 1 R im Minus liegen. Sofern Sie sich an die gezeigte Technik halten, werden Sie jedoch in der Regel von einem negativen Gewinn-Verlust-Verhältnis verschont bleiben. Zudem werde ich Ihnen noch eine weitere Absicherungsmethode zeigen: die Duplizierbarkeit. Hiermit können Sie das Gewinn-Verlust-Verhältnis weiter verbessern, dazu aber später mehr.

So, nun haben Sie zwar schon einiges über den Stopp erfahren. Jetzt fehlt noch die Erklärung, wo Sie Ihren Verluststopp überhaupt platzieren müssen. Anhand des folgenden Charts möchte ich das etwas genauer erläutern.

Stopps

Hier sehen wir nun ein steigendes Signal, bei dem wir sowohl eine Stopp- als auch eine Limit Order platzieren werden. Zunächst einmal benötigen wir aber die Kursdaten für diesen Trade. Dazu öffnen wir das Informationsfenster. Auf der nächsten Seite kann man die Daten des Informationsfensters erkennen.

Die Kursdaten sind im Informationsfenster angezeigt. Wir müssen nun die Einstiegsorder platzieren sowie die Stopps setzen.

Zunächst ermitteln wir das Tageshoch. Es liegt bei 2.592 Punkten. Die Dezimalstellen können Sie getrost vernachlässigen.

Dann kümmern wir uns um den Verluststopp. Diesen setzen wir auf das Tagestief unserer Einstiegskerze und ziehen davon noch 0,2 Prozent Rauschen ab. Die Berücksichtigung des Rauschens ist sehr wichtig, da es oft vorkommt, dass der Kurs am nächsten Tag versucht, das Tagestief der Einstiegskerze anzusteuern. Damit wir hier nicht frühzeitig aus dem Markt geworfen werden, ziehen wir 0,2 Prozent ab. Das Tagestief unserer Kerze lag bei 2.567 Punkten. Abzüglich 0,2 Prozent ergibt dies einen Stoppkurs von 2.561 Punkten.

Fassen wir nun erst einmal zusammen:
Einstiegskurs: 2.592 Punkte
Stop Loss: 2.561 Punkte
maximaler Verlust: 31 Punkte
Spreadkosten: ?

Wir haben nun also die Daten des Einstiegs sowie die Daten des Ausstiegs im Verlustfall. Was uns jetzt noch fehlt, ist der Gewinnstopp (Limit Order) sowie die Brokergebühren (Spread). Die Brokergebühren sind zwar Kosten, haben aber primär nichts mit unserem Verluststopp (Stop Loss) zu tun und deshalb werden diese auch nicht in den Stopp miteinbezogen. Für unsere eigene Kalkulation ist es aber wichtig, dass wir die Spreadkosten in unsere Planung einbeziehen, da sich der tatsächliche Verlust zum einen durch die Höhe des Stopps und zum anderen durch die Brokergebühren zusammensetzt.

In unserem Beispiel betragen die Brokerkosten (Spread) 8 Punkte. Der maximale Verlust liegt also bei 31 Punkten (Differenz zwischen dem Kaufkurs und dem Stop Loss) zuzüglich 8 Punkten Spread, also bei 39 Punkten.

In der Zusammenfassung sieht das Ganze so aus:
Einstiegskurs: 2.592 Punkte
Stop Loss: 2.561 Punkte
maximaler Verlust: 39 Punkte
Limit Order: ?

Da wir nun alle wichtigen Daten zusammen haben, können wir auch unser Kursziel (Limit Order) festlegen. Wie schon erwähnt, arbeiten wir hier mit zwei R, also der zweifachen Größe des maximalen Verlusts. Wenn wir den maximalen Verlust von 39 Punkten mit 2 multiplizieren, kommen wir auf 78 Punkte. Diese müssen wir zum Kaufkurs rechnen und kommen dann auf eine Limit Order von 2.670 Punkten.

Hier noch einmal zusammengefasst:
Einstiegskurs: 2.592 Punkte
Stop Loss: 2.561 Punkte
maximaler Verlust: 39 Punkte
Limit Order: 2.670 Punkte

Jetzt haben wir alle Daten, die wir für diesen Trade benötigen, sodass wir uns den Handel im Chart ansehen können.

Im Chart ist die weitere Entwicklung dargestellt. Unser Einstieg lag bei 2.592 Punkten, der Stopp bei 2.561 Punkten und die Limit Order bei 2.670 Punkten. Wie Sie erkennen können, wurde der Wert nach sechs Handelstagen durch unsere Limit Order geschlossen und uns wurde ein Gewinn von 70 Punkten gutgeschrieben (78 Punkte abzüglich 8 Punkte Spread). Ich zeige Ihnen nun noch ein weiteres Beispiel für ein fallendes Signal.

Kapitel 3

Fallender Trade

Dieses fallende Signal wollen wir mit einer Stopp- sowie Limit Order versehen. Um die Kursdaten angezeigt zu bekommen, berühren Sie wieder die letzte fallende Kerze mit der Maus.

Kursdaten

Es erscheint das Informationsfenster mit den Kursdaten. Wie im vorherigen Beispiel müssen wir die Einstiegsorder platzieren und die Stopps setzen.

Zunächst ermitteln wir das Tagestief. Es liegt bei 3.992 Punkten.

Nun bestimmen wir unseren Verlust- sowie Gewinnstopp. Starten wir mit dem Verluststopp. Hierfür benötigen wir das Tageshoch der letzten Kerze, das bei 4.154 Punkten liegt. Wir rechnen 0,2 Prozent Sicherheitspolster dazu. Das ergibt dann 4.162 Punkte.

Der Spread dieses Werts liegt bei 12 Punkten. Diesen Wert addieren wir zum Verlust von 170 Punkten. Somit ergibt sich ein tatsächlicher maximaler Verlust von 182 Punkten. Die 182 Punkte werden mit 2 multipliziert. Die so ermittelten 364 Punkte müssen vom Einstiegskurs abgezogen werden. Als Ergebnis steht ein Limit in Höhe von 3.628 Punkten fest.

Fassen wir nochmal zusammen:
Einstiegskurs: 3.992 Punkte
Stop Loss: 4.162 Punkte
maximaler Verlust: 182 Punkte
Limit Order: 3.628 Punkte

Sehen wir uns auch bei diesem Beispiel die weitere Entwicklung an.

Kapitel 3

Grafische Darstellung – fallendes Signal

Unser Einstiegspunkt sowie Stopp- und Limit Order sind im Chart markiert.

Unsere Order wurde am nächsten Tag aktiviert, da das Tagestief auch hier erreicht wurde. Nach fünf Handelstagen wurde unsere Limit Order ausgeführt und der Gewinn in Höhe von 364 Punkten abzüglich 12 Punkte Spread unserem Tradingkonto gutgeschrieben.

Ich hoffe, der Sinn dieser Stopptechnik hat sich Ihnen erschlossen, sodass wir zur Zusammenfassung der Stopps kommen können.

Zusammenfassung Stopps

Wie Sie gesehen haben und in Zukunft hoffentlich auch selbst feststellen werden, arbeitet diese Stopptechnik einwandfrei.

Es ist wichtig, beim Risikostopp immer mindestens 0,2 Prozent Sicherheitspolster einzubauen, um nicht bei jedem Ansteuern des Tageshochs oder -tiefs ausgestoppt zu werden. Dieses können Sie auch selbständig erhöhen, falls Sie merken, dass es Ihnen nicht reichen sollte. Sie sollten aber nicht über 0,5 Prozent gehen.

Ein weiterer Aspekt ist der Gewinnstopp, den wir zum jeweiligen Tageshoch hinzurechnen bzw. vom Tagestief abziehen. Er hat sich im Laufe der Zeit stets bewährt und ist mit 2 R (möglicher maximaler Verlust x 2) ziemlich moderat gehalten. Sollten Sie aber nach einiger Zeit feststellen, dass Sie dem Kurs mehr Spielraum geben möchten, empfehle ich Ihnen, den Stopp nicht 3 R entfernt zu setzen, sondern sich mit dem Buch »Signalhandel 2 – Strategien und Techniken« zu beschäftigen. Dort wird unter anderem eine Stopptechnik vorgestellt, die Sie in die Lage versetzt, den Stopp nach »Bewegung« zu versetzen und damit noch höhere Gewinne zu generieren. Eine Reduzierung des Gewinnziels empfehle ich ebenso wenig, da dies zu einem negativen Gewinn-Verlust-Verhältnis führt.

Außerdem sollte man sich immer auf sein Signal und die Stopps verlassen. Geht der Kurs nach Aktivierung gegen Sie und werden Sie dadurch nervös, sollten Sie die Order nicht von Hand glattstellen, sondern darauf warten, dass entweder der Gewinn- oder der Risikostopp aktiviert wird.

Am ersten Tag, an dem Ihre Order aktiviert wurde, sind Sie oft mit Ihrem Trade im Minus, da beim Einstieg immer die Spreadkosten abgezogen werden. Sie starten also mit Ihrem Trade zwangsläufig immer im Minus. Das ist aber kein Problem, da die folgenden Tage dies meist wieder ins rechte Licht rücken und Kursgewinne sichtbar werden.

Ihr Trade hat keine zeitliche Begrenzung. Sie können ihn also so lange laufen lassen, bis er in irgendeiner Richtung ausgestoppt wird.

Wenn Sie mit dieser Strategie arbeiten, werden Sie bald merken, dass Sie den Erfolg nicht mehr an einem einzigen Trade festmachen. Vielmehr wird Sie erst am Monatsende interessieren, wie viel in der Summe aller Trades hängen geblieben ist. Ein guter Schnitt ist beispielsweise ein Gewinn-Verlust-Verhältnis von 7 zu 3. Dies können Sie natürlich selbst beeinflussen, indem Sie bei Ihrer Signalanalyse sehr selektiv vorgehen und nur die besten Signale für Ihren Handel verwenden. Die Qualität ist ausschlaggebend, nicht die Quantität!

Wenn Sie sich an diese Punkte halten, verspreche ich Ihnen, dass Sie sehr viel Freude an dieser Strategie haben werden und sich diese für Sie auf jeden Fall finanziell lohnen wird.

Kommen wir aber nun zu einem wichtigen Punkt, der Ihren Handel noch einmal etwas sicherer machen wird: zur Duplizierbarkeit!

Die Duplizierbarkeit eines Signals

Was meine ich überhaupt mit Duplizierbarkeit?

Die Duplizierbarkeit gibt einen Hinweis darauf, wie oft ein Signal in einem bestimmten Wert auftrat und wie erfolgversprechend dieses dann verlaufen ist, also ob der Großteil der Signale für uns mit Gewinn oder mit Verlust geendet hätte. Leider ist das Thema »Duplizierbarkeit« in den Fachbüchern zum Thema Trading (insbesondere Büchern über technische Analyse) so gut wie nirgends erwähnt, was mich doch sehr verwundert. Schließlich handelt es sich bei der Duplizierbarkeit um einen wichtiger Faktor, mit dessen Hilfe man im Chart gezielt nach sich ähnelnden Situationen suchen und diese dann auszuwerten kann. Die sich daraus ergebenden Vorteile liegen glasklar auf der Hand, wie ich Ihnen im nächsten Beispiel erläutern werde.

Trader A und B traden nach der gleichen Strategie und auch deren Wissensstand ist der gleiche. Trader A wendet aber bei der Signalanalyse auch die Duplizierbarkeit an, wohingegen Trader B nur nach dem reinen Signal und dem Trendverlauf geht. Beide finden an diesem Tag fünf Signale, Trader B gibt diese direkt bei seinem Broker ein, um sie am nächsten Handelstag zu traden.

Unser Trader A checkt die Signale aber noch auf die Duplizierbarkeit, bevor er die Order bei seinem Broker eingibt. Dabei fallen von den fünf identischen Signalen, die Trader A und B beide gesehen haben, wieder zwei Stück heraus. Trader A hat festgestellt, dass bei zwei Werten die Signaltechnik nicht so gut funktioniert wie in den anderen drei Charts. Bei den zwei ausgemusterten Signalen lag bei der Analyse der letzten zehn Signale einmal ein Verhältnis von 5 Gewinntrades zu 5 Verlusttrades vor, bei dem anderen Signal sogar ein Verhältnis von 3 zu 7 Zugunsten des Verlusts. Die anderen drei Signale hatten allesamt ein positives Gewinn-Verlust-Verhältnis. Bei der Analyse der letzten zehn Signale hatten zwei der Werte 7 Gewinntrades hervorgebracht und das dritte Signal sogar 9. Nachdem nun auch Trader A seine drei Werte beim Broker eingegeben hat, können wir uns nun die Frage stellen, welcher der beiden am Ende das bessere Ergebnis vorzuweisen hat. Die Antwort ist bestimmt jedem klar, es gilt deshalb folgender Grundsatz:

»Qualität ist durch Quantität nur in den seltensten Fällen zu ersetzen!«

Die Duplizierbarkeit eines Signals ist auch dahingehend sehr interessant, da sie Ihnen Aufschluss darüber geben kann, ob ein Signal funktioniert, wenn kein eindeutiger Trend vorhanden ist. Sollte dies der Fall sein, werden sich Ihre Handelsmöglichkeiten weiter erhöhen. Sollte also ein Signal in einem Chart sehr gut duplizierbar sein, so können Sie diesen Wert auch handeln, selbst wenn kein Trend vorliegt. In diesem Fall verfahren Sie einfach nach dem Motto »Erlaubt ist, was funktioniert!«

Bei der Duplizierbarkeit ist es wichtig, sich Signale im Chart zu suchen, die der aktuellen Situation entsprechen. Optimal ist es beispielsweise, wenn Sie sich alle Signale (die auch aktiv geworden wären) in der aktuellen Bewegung bzw. dem Trend ansehen und diese anhand der Stopptechnik auswerten. Überprüfen Sie, ob der Trade positiv oder negativ verlaufen wäre. Hierzu gehen Sie bei der Limit Order immer von der Höhe des Stopps zuzüglich der Spreadkosten mal zwei aus, so wie Sie es gerade gelernt haben.

Kapitel 3

Sehen wir uns nun ein Beispiel diesbezüglich an:

Sie können in diesem Chart ein mögliches Einstiegssignal erkennen. Nun suchen wir in diesem Trend weitere Signale, die aktiv geworden wären und werten diese aus. Unsere Analyse ergibt acht weitere Signale, die wir jetzt berechnen werden.

Signal 1
Einstiegskurs: 4.164 Punkte
Stop Loss: 4.083 Punkte (inkl. 0,2 Prozent Rauschen)
Spread: 24 Punkte
maximaler Verlust: 105 Punkte
Limit Order: 4.374 Punkte
Gewinn/Verlust: +210 Punkte (abzüglich Spread)

Signal 2
Einstiegskurs: 4.455 Punkte
Stop Loss: 4.393 Punkte (inkl. 0,2 Prozent Rauschen)
Spread: 24 Punkte
maximaler Verlust: 86 Punkte
Limit Order: 4.627 Punkte
Gewinn/Verlust: −86 Punkte (inkl. Spread)

Signal 3
Einstiegskurs: 4.449 Punkte
Stop Loss: 4.430 Punkte (inkl. 0,2 Prozent Rauschen)
Spread: 24 Punkte
maximaler Verlust: 43 Punkte
Limit Order: 4.535 Punkte
Gewinn/Verlust: +86 Punkte (abzüglich Spread)

Signal 4
Einstiegskurs: 4.574 Punkte
Stop Loss: 4.516 Punkte (inkl. 0,2 Prozent Rauschen)
Spread: 24 Punkte
maximaler Verlust: 82 Punkte
Limit Order: 4.738 Punkte
Gewinn/Verlust: −82 Punkte (inkl. Spread)

Signal 5
Einstiegskurs: 4.610 Punkte
Stop Loss: 4.587 Punkte (inkl. 0,2 Prozent Rauschen)
Spread: 24 Punkte
maximaler Verlust: 47 Punkte
Limit Order: 4.657 Punkte
Gewinn/Verlust: +94 Punkte (abzüglich Spread)

Signal 6
Einstiegskurs: 4.749 Punkte
Stop Loss: 4.675 Punkte (inkl. 0,2 Prozent Rauschen)
Spread: 24 Punkte
maximaler Verlust: 98 Punkte
Limit Order: 4.945 Punkte
Gewinn/Verlust: −98 Punkte (inkl. Spread)

Signal 7
Einstiegskurs: 4.723 Punkte
Stop Loss: 4.662 Punkte (inkl. 0,2 Prozent Rauschen)
Spread: 24 Punkte
maximaler Verlust: 85 Punkte
Limit Order: 4.893 Punkte
Gewinn/Verlust: −85 Punkte (inkl. Spread)

Signal 8
Einstiegskurs: 4.761 Punkte
Stop Loss: 4.707 Punkte (inkl. 0,2 Prozent Rauschen)
Spread: 24 Punkte
maximaler Verlust: 78 Punkte
Limit Order: 4.917 Punkte
Gewinn / Verlust: −78 Punkte (inkl. Spread)

Summa summarum liegt hier ein relativ schlechtes Duplizierungsverhältnis von 3 zu 5 vor! Rechnet man sich aber nun die R-Vielfachen aus, so kommt man auf 6 R Gewinn und 5 R Verlust. Sie hätten trotz der relativ vielen Fehltrades noch einen Gewinn von 1 R.

Suchen Sie sich also stets Charts heraus, die eine gute Duplizierbarkeit aufweisen und einen ansprechenden Chartverlauf haben.

Mir wird oft bestätigt, dass diese Signale in bestimmten Charts und Trendphasen sehr gut funktionieren. Allerdings folgt dann häufig die Behauptung, dass es in Trendphasen ja überaus einfach sei, gute Einstiegspunkte zu finden, wohingegen dies bei trendlosen Phasen umso schwieriger würde. Meine Antwort darauf ist jedes Mal die gleiche: Suchen Sie sich Werte, die Trends aufweisen und eine hohe Duplizierbarkeit haben! Auch wenn der komplette Markt, so wie gerade jetzt (Juni 2008), während ich das Buch für die Neuauflage überarbeite, seitwärts geht, gibt es dennoch genügend Werte, die sehr ausgeprägte steigende sowie fallende Trends aufweisen und eine überaus positive Duplizierbarkeit bieten. Deshalb ist es auch wichtig, sich nicht auf die Werte mit dem besten Namen zu verlassen, sondern auf die Werte mit dem besten Chartverlauf. Viele Trader scheitern jedoch schon daran. Viele meiner Seminarteilnehmer sagen, dass sie regelmäßig den Dax traden. Ich frage sie dann, wieso Sie gerade diesen Index handeln. Die Antworten gleichen einander stets. Der Dax sei durch die relativ großen Kurssprünge ideal und so weiter. Selbstverständlich spielt es auch eine Rolle, dass der Dax bei uns ziemlich populär ist. Wenn ich dann erzähle, welche Werte ich hauptsächlich handle, ist das Erstaunen meistens ziemlich groß, da die Werte so gut wie unbekannt sind. Oder kennen Sie z. B. die Ashtead Group oder etwa Capital & Regional? Wahrscheinlich können die wenigsten unter Ihnen diese Frage mit »ja« beantworten.

Meiner Meinung nach ist es im Bereich der technischen Analyse stark ausschlaggebend für den Anlageerfolg, sich explizit nur mit den Werten zu beschäftigen, die einen perfekten oder fast perfekten Chartverlauf aufweisen. Ein eindeutiger Chart ist einfach vorhersehbarer als ein Chart, der »kreuz und quer« verläuft.

Ich möchte Ihnen das noch schnell anhand zweier Beispiele näher erläutern, bevor wir uns mit etwas anderem beschäftigen.

Bitte betrachten Sie die beiden folgenden Charts einmal eingehender! Welchen dieser Werte würden Sie handeln, wenn Sie nur einen handeln dürften? Und vor allem, bei welchem Chart würden Sie aller Voraussicht nach die besseren Chancen haben, einen Gewinn zu realisieren?

Chart 1

Kapitel 3

Chart 2

Wie Sie erkennen können, verläuft Chart 1 gleichmäßiger in seinen Bewegungen. Auch die Duplizierbarkeit zeigt sich auf den ersten Blick. Chart 2 weist zwar ebenfalls ein Einstiegssignal auf, der allgemeine Chartverlauf sowie die Duplizierbarkeit sind allerdings nicht so eindeutig. Konsequenterweise empfiehlt sich der Handel des ersten Charts aufgrund der höheren Duplizierbarkeit sowie des relativ gleichmäßigen Chartverlaufs.

Hier noch ein Tipp: Gerade die kleineren Werte am englischen Markt (UK Shares) bieten oft sehr gute Trends und Bewegungen und sollten deshalb in Ihrer Analyse besondere Beachtung finden.

Kommen wir aber nun zum Thema Management.

KAPITEL 4

Management

- Ihre innere Einstellung, um erfolgreich zu handeln
- Trade- und Geldmanagement
- Tipps zur Aktienauswahl und Signalanalyse
- Die Frage der Kerzengröße

Kapitel 4

Ihre innere Einstellung, um erfolgreich zu handeln

Der Themenbereich, den ich jetzt anspreche, ist genauso wichtig wie die Signalbestimmung: die innere Einstellung zum Handel selbst.

Wir können uns zwar auf das Signal und verschiedene Ordermöglichkeiten zum Absichern unserer Trades verlassen, die größte Fehlerquelle beim Handel aber stellen wir selbst dar. Machen Sie sich bewusst, dass der Signalhandel nichts anderes ist als das Betreiben eines gewöhnlichen Geschäfts. Sie müssen täglich planen, kalkulieren und natürlich Entscheidungen treffen. Machen Sie sich frei von Heldenmut oder auch Angst, da das Geschäft Sie sonst eiskalt auf die Bretter schicken wird! Vielleicht finden Sie diese Aussage etwas drastisch formuliert, zugegeben, es ist aber in der Tat so, dass Sie im Signalhandel nur Geld verdienen werden, wenn Sie mit Sinn und Verstand vorgehen.

Eines können Sie mir glauben: Sie werden mit diesem Geschäft nicht über Nacht reich, ABER wenn Sie dieses Geschäft vernünftig betreiben, kann es Ihnen einen gewissen Lebensstandard sichern und bewahren! Nichts anderes sollte Ihr anfängliches Bestreben sein.

Machen Sie sich bitte auch klar, dass Verluste genauso zum Geschäft gehören wie Gewinne. Frei nach dem Motto: »Losing is a part of winning!« Selbst wenn Sie zwanzigmal am Stück nur Gewinne machen, wird irgendwann auch ein verlustreicher Handel kommen. Bleiben Sie gelassen! Sie haben diesen Verlust ja mit einem Gewinntrade wieder ausgeglichen. Werden Sie aber nie übermütig oder nachlässig, nur weil Sie denken, Sie haben momentan eine Glückssträhne und Ihnen kann nichts passieren.

Betrachten Sie den Signalhandel doch einfach als eine Möglichkeit, die Sie Ihr ganzes Leben lang nutzen können, und merken Sie sich bitte immer: Es gehört nicht viel dazu, mit diesem System anzufangen, aber wiederum einiges, sich das Handelskapital zu erhalten, um bei diesem System bleiben zu können!

Management

Ich liefere Ihnen an dieser Stelle ein abschreckendes Beispiel, wie man es besser nicht machen sollte:

Einem meiner Geschäftspartner erklärte ich vor einigen Jahren meine Handelsmethode und auch er war natürlich hellauf begeistert von der Aussicht auf gute Anlagemöglichkeiten. Er überwies daraufhin erst einmal 500 Euro zu einem Broker (Finspreads). Mit diesen 500 Euro handelte er auf meine Empfehlung hin Werte, die ein eindeutiges Signal zeigten.

Nach einer Woche hatte er auf diese Weise 370 Euro verdient und sein Gesamtkapital bei Finspreads lag bei 870 Euro. Anstatt so fortzufahren, überwies er nun 15.000 Euro. Seiner Auffassung nach war es ganz einfach, mit dieser Art des Handelns mal schnell 100.000 Euro am amerikanischen Markt zu verdienen.

Seine These stützte er auf die Beobachtung, dass am amerikanischen Markt die Kurse im Vergleich zum Vortagesschlusskurs teilweise über 200 Punkte höher öffnen (also ein Gap – eine Lücke innerhalb des Charts – vorliegt). Er gab ca. zehn Orders ein, mit einem Betrag von 20 Euro pro Punkt. Es sei noch dazugesagt, dass er zu dieser Zeit nicht mehr auf irgendwelche Signale geachtet hat. In seiner Vorstellung rechnete er sich aus, dass bei zehn Orders bestimmt fünf aktiv würden und er bei 200 Punkten pro Aktie ganz schnell 1.000 Punkte machen könnte. Leider war das nur ein Trugschluss:

Da die Order erst nach der Eröffnung von z. B. 200 Punkten aktiv wurde und somit die 200 Punkte an ihm vorübergegangen waren, waren dadurch bereits ca. 5.000 Euro verloren. Er wollte dann die Aktien im Anschluss stets noch am Vortag kaufen, mit dem Bestreben, die 200 Punkte bei der Eröffnung am nächsten Tag sicher zu bekommen. Dies ist ihm sogar einmal gelungen. Ich kann mich noch erinnern, wie er mich anrief und mir erzählte, er habe gerade mit drei Orders 860 Punkte Gewinn gemacht. Ich gratulierte ihm, sagte aber, dass ich mit ihm wetten würde, dass er innerhalb von drei Tagen das gewonnene Geld auch wieder los sei. Er meinte, immer noch außer sich vor Freude über seine gewonnenen 17.000 Euro, dass er morgen aus seinen 27.870 Euro mindestens 50.000 Euro machen würde. Ich wünschte ihm viel Glück und

Kapitel 4

ärgerte mich ziemlich. Nicht darüber, dass er an diesem Tag 17.000 Euro verdient hatte, sondern dass er dachte, er könne den Markt überlisten. Mir war klar, dass er nach seiner Methode vielleicht drei- bis viermal Gewinn machen würde, aber dabei auch fünfmal Verlust. Für ihn käme das einem Totalverlust gleich, da die R-Vielfachen sowie das richtige Geldmanagement zu dieser Zeit keinerlei Beachtung mehr fanden. Nach ca. einer Woche traf ich ihn zufällig in unserer Stammkneipe. Auf meine Frage nach seinen Geschäften grinste er und entgegnete, dass es schon liefe. Je länger der Abend wurde, desto redseeliger wurde er. Zu später Stunde gab er schließlich zu, dass er bereue, nicht auf mich gehört zu haben. Sein Kontostand sei inzwischen auf ca. 1.500 Euro geschrumpft.

Mittlerweile handelt er wieder nach meiner Methode und hat inzwischen ein sechsstelliges Kapital erreicht.

Ja, so kann es gehen! Vergessen Sie beim Handeln nicht das, was Sie gelernt haben.

Tun Sie sich selbst einen Gefallen und handeln Sie nie ohne Plan und Strategie. Wenn Sie der Meinung sind, dass Sie den Markt jetzt ganz gut kennen, und Ihnen kommt die Idee, dass Sie auch gern einmal eine andere Strategie ausprobieren möchten, nur zu!

Spätestens wenn Sie nur noch ein sehr geringes Kapital haben, werden Sie sich wieder auf das Bewährte besinnen.

Trade- und Geldmanagement

Jetzt kommen wir zum mit Abstand wichtigsten Teil des Buches, dem Geldmanagement. Viele werden sich nun fragen, wieso das Geldmanagement wichtiger ist als beispielsweise die Signalbestimmung. Nun, die Signalbestimmung ist mit Sicherheit auch ein ganz elementarer Bestandteil des Handels, aber die Entscheidung, ob Sie langfristig an der Börse Erfolg haben oder ob Sie nur eine dieser vielen Eintagsfliegen sind, die nur eine relativ überschaubare Verweildauer im Spiel der Spiele haben, entscheidet einzig und alleine das zugrunde liegende Geld- und Positionsmanagement.

Sehr viele Anleger werden von der Idee des schnellen Geldes getrieben, da gerade in starken Aufwärtsphasen jeder auf die Idee kommt, sein Geld mit Trading zu verdienen. Das mag ja auch eine Zeitlang gut gehen, aber nur solange, wie der steigende Trend anhält. Die Situation ist vergleichbar mit der eines Blinden, den man an das Steuer eines Ferrari setzt: Der Crash ist zu 100 Prozent vorprogrammiert. Nachdem das Kapital verbraten ist, heißt es immer »hätte, wenn und aber!« Es hätte ja auch gut gehen können! Wirklich?

Natürlich hätte es gut gehen können, genau wie bei dem Blinden und dem Ferrari: Solange die Straße geradeaus geht, sind die Chancen gar nicht mal so schlecht. Was aber, wenn die erste Kurve kommt oder im schlimmsten Fall eine Kreuzung?

»Totalschaden«

Gutes Trading ist viel unspektakulärer als Sie jetzt vielleicht noch denken. Mit abenteuerlichen Spekulationen hat erfolgreiches Trading nichts zu tun, ebenso wenig mit den Klischees des Films »Wall Street«. Der erfolgreiche Trader folgt vielmehr ganz stupide seinem vorher festgelegten Konzept. Er weiß, dass die Kapitalerhaltung das oberste Gebot ist. Gerade in Hinblick auf unvermeidlich auftretende Verlustserien! Dem Trader geht es auch nicht darum, ob der einzelne Trade mit Gewinn oder Verlust abgeschlossen wird, sondern ob in der Summe der Trades ein positives Ergebnis erzielt wird.

Ein unter unerfahrenen Tradern weitverbreitetes Problem ist, dass pro Trade zu viel Kapital eingesetzt wird. Für viele scheint es ganz normal zu sein, 10 bis 20 Prozent des Gesamtkapitals in einen Trade zu investieren. Dass sie sich damit selbst ihr eigenes Grab schaufeln, wissen sie nicht! Zum einen ist das Risiko, sein Kapital durch diese immensen Positionen zu verlieren, allgegenwärtig und dieser Fall wird zwangsläufig eintreffen. Zum anderen muss man bedenken, dass sich der Trader damit selbst einem enormen Stress aussetzt. Es macht psychologisch ein erheblichen Unterschied, ob ich mit 20 Prozent Kapital im Minus liege oder vielleicht nur mit 1 Prozent meines Kapitals. Bei einem Prozent verhält sich der Trader emotionslos und rational. Bei 20 Prozent hingegen hat er eine emotionale Bindung und ist zu keinen rationalen Handlungen mehr fähig.

Man kann es vielleicht so auf den Punkt bringen: Mit einem Prozent pro Position sind Sie Trader, bei 20 Prozent sind Sie ein Spieler! Nicht, dass Sie aber jetzt denken, zwischen 1 und 20 Prozent ist ja noch genügend Luft! Nein, dieses eine Prozent ist Ihre maximale Obergrenze! Ich kenne viele Trader, bei denen das Trading zum Lebensmittelpunkt geworden ist und die daran letztendlich elendig zugrunde gegangen sind.

Warum war das so?

Ganz einfach, diese Trader wollten immer mehr und mehr. Ein gesundes Wachstum war hier schon lange nicht mehr die treibende Kraft, sondern die **Gier**!

Auch wenn Sie ein Kapital von z. B. 30.000 Euro für diese Art von Handel zur Verfügung stellen können, empfehle ich Ihnen, es nicht zu tun. Nehmen Sie sich lieber 1.000 Euro dieses Kapitals und beginnen Sie Ihre Trades. Sie werden dann nie in die Verlegenheit kommen, diesem Geld zu sehr nachzutrauern, falls Sie doch einmal einen größeren Verlust einfahren. Handeln Sie immer nur Beträge, die Sie im Zweifel auch verlieren können.

Sie werden Woche für Woche mit Ihren Trades mitwachsen. Es besteht also keine Eile. So wie sich Ihr Tradingkapital vermehren wird, werden auch Sie immer souveräner Ihre Trades managen und optimieren.

Geben Sie sich und Ihren Trades die nötige Zeit des Lernens!

Ich habe bereits darauf hingewiesen, dass sich das »Risikokapital« auf 1 Prozent des Gesamtkapitals beschränken sollte. Gehen wir beispielsweise davon aus, dass wir ein Kapital von 10.000 Euro zur Verfügung haben. Ein Prozent von 10.000 Euro sind 100 Euro, die wir für einen Trade verwenden können. Sie definieren unseren maximalen Verlust. Wir sind nicht gewillt, mehr als 100 Euro zu verlieren, wenn der Trade gegen uns laufen sollte.

Diese 100 Euro müssen wir nun durch unseren maximalen Verlust teilen, also durch die Höhe des Stopps inkl. 0,2 Prozent Rauschen sowie den Spreadkosten. Nehmen wir für diesen Fall an, dass der maximale Verlust bei 70 Punkten läge. Diese müssen wir dann durch das verfügbare Kapital teilen und wir erhalten den Betrag, den wir pro Punkteveränderung setzen können.

Hier die Rechnung dazu
100 Euro (1 Prozent unseres Kapitals) : 70 (Stop Loss inklusive Rauschen und Spread) = 1,42 Euro pro Punkt.

Sehen wir uns das Ganze nun an einem Beispiel mit Chart an:

Im Kursverlauf erscheint ein steigendes Signal, das wir gern handeln möchten. Um die Kursdaten zu erhalten, bewegen Sie jetzt den Mauszeiger auf die letzte Kerze im Chart.

Kapitel 4

Es erscheinen die Kursdaten. Das Tageshoch lag bei 2.182 Punkten, das Tief bei 2.148 Punkten. Wie immer bei einem steigenden Signal stellt das Tageshoch der letzten Kerze unseren Kaufkurs dar. Vom Tagestief ziehen wir nun noch 0,2 Prozent Rauschen ab und erhalten somit das Niveau unserer Stop-Loss-Kurs bei 2.143 Punkten. Der Spread dieses Werts liegt bei 18 Punkten.

Fassen wir die Kursdaten kurz zusammen
Einstiegskurs: 2.182 Punkte
Stop Loss: 2.143 Punkte
Spread: 18 Punkte
maximaler Verlust: 57 Punkte
Limit Order: 2.296 Punkte

Ausgehend von einem Kapital von 10.000 Euro und einem Risikokapital von 1 Prozent ergibt dies 100 Euro. Diese 100 Euro teilen wir nun wieder durch die Höhe des maximalen Verlusts von 57 Punkten und erhalten einen Betrag pro Punkt von 1,75 Euro.

Im Gewinnfall haben Sie somit 199,50 Euro verdient, wohingegen der maximale Verlust bei 100 Euro liegen würde.

Sehen wir uns nun noch ein Beispiel für einen fallenden Trade an.

Management

Auch bei diesem Signal benötigen wir die Kursdaten.

Das Tagestief der letzten Kerze lag bei 1.376 Punkten und definiert unseren Einstieg. Das Tageshoch lag bei 1.432 Punkten. Der Spread für diesen Wert beträgt 16 Punkte.

Fassen wir auch hier die Kursdaten zusammen
Einstiegskurs: 1.376 Punkte
Stop Loss: 1.434 Punkte
Spread: 16 Punkte
maximaler Verlust: 74 Punkte
Limit Order: 1.228 Punkte

Wir gehen weiterhin von einem Kapital von 10.000 Euro aus. Unsere 100 Euro Risikokapital teilen wir wieder durch den maximalen Verlust. Das Ergebnis daraus gibt uns einen maximalen Betrag pro Punkt von 1,35 Euro vor. Im Gewinnfall würde dieser Trade 199,80 Euro einbringen. Der maximale Verlust liegt bei 99,90 Euro.

Tipps zur Aktienauswahl und Signalanalyse

In den letzten Beispielen haben wir immer ein Kapital von 10.000 Euro zugrunde gelegt. Sie werden sich vielleicht daran erinnern, dass der Handel nach meinen früheren Informationen auch mit einem niedrigeren Kapital von z.B. 500 Euro möglich ist. Da der Mindestbetrag pro Punkt bei den meisten Anbietern bei einem Euro liegt, werden Sie bei 1 Prozent Risikokapital – also 5 Euro – Probleme haben, die oben gezeigten Werte zu handeln. Der maximale Verlust lag bei dem steigenden Signal bei 57 Punkten und beim fallenden sogar bei 74 Punkte. Dies bedeutet, dass Sie für einen maximalen Verlust von 57 Punkten ein dementsprechendes Grundkapital von 5.700 Euro benötigen würden sowie 7.400 Euro bei 74 Verlustpunkten.

Daraus ergibt sich, dass Sie bei einem Kapital von z.B. 500 Euro nur relativ kleine Werte handeln können. Größere Werte – wie z.B. jene des Dax – sind für ein Kapital von 500 Euro einfach ein paar Nummern zu groß.

Als Faustregel kann man hier die Höhe des verfügbaren Kapitals nehmen und dieses durch zwei teilen. Bei 500 Euro Kapital errechnet sich so eine Größe von 250 Punkten für handelbare Werte. Sofern Sie ein paar Punkte darüber liegen, ist dies aber kein Problem.

Im Dax werden Sie keine Werte finden, die diese (kleine) Größe aufweisen. Im FTSE 100, FTSE 250 und FTSE ex350 gibt es jedoch genügend Möglichkeiten, Ihrer Kapitalgröße entsprechend Trades vorzunehmen. Dort ist mit z. B. 5 Euro Risikokapital ohne Weiteres zu handeln. Je mehr Gewinntrades Sie haben, desto höher wird Ihr Handelskapital und damit steigt selbstverständlich auch die Option, nach und nach größere Werte zu handeln. Es ist also nur eine Frage der Zeit, bis Sie alle Werte handeln können, die der Broker anbietet.

Ich werde oft gefragt, wie man am Anfang schnell und effizient seine Signalanalyse durchführen kann und ob es wirklich nötig ist, jeden Wert täglich anzusehen, um ein Signal zu finden. Es gibt eine ganz einfache Methode, um das Verfahren etwas zu verkürzen. Nehmen Sie bitte alle Werte, die Ihrem Kapital entsprechen, in die Watchlist auf. Wenn die Börse am Abend geschlossen hat und Sie Ihre Analyse durchführen, schauen Sie sich bitte nur die Werte an, die eine Punkteveränderung aufweisen, die zu Ihrem Risikokapital passt. Sollten Sie also ein Gesamtkapital von 500 Euro haben – also ein Risikokapital von 5 Euro pro Trade – und z. B. bei dem Wert Mitie Group eine Kursveränderung von 3 Punkten feststellen, dann können Sie davon ausgehen, dass Sie diesen Wert problemlos handeln können. Wenn der Wert aber um 7 Punkte zugelegt hat, übersteigt dies Ihr Risikokapital, da der Stopp dann meist schon größer ist als die zur Verfügung stehenden 5 Euro, vom Spread ganz zu schweigen.

Hier ein Beispiel:

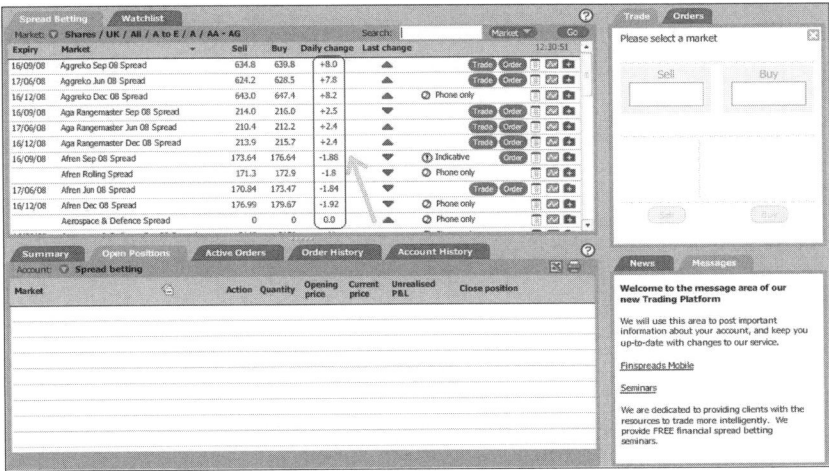

In dem gerahmten Bereich (hier: Tradingplattform von Finspreads) wird die Punkteveränderung des jeweiligen Werts für diesen Handelstag angezeigt. Bei einem Gesamtkapital von 500 Euro und einem Risikokapital von 5 Euro pro Trade können Sie Werte handeln, deren Veränderung im Rahmen des Risikokapitals lag. Der Wert Aga Rangemaster z. B. weist einen Kursgewinn von 2,4 Punkten auf. Aggreko hingegen können Sie mit Ihrem Risikokapital nicht handeln, da es hier zu einer Punkteveränderung von 7,8 Punkten gekommen ist und Sie damit zuzüglich Spread und 0,2 Prozent Rauschen definitiv über Ihrem Risikokapital von 5 Euro liegen. Es ist hierbei egal, ob der Wert nun gestiegen oder gefallen ist, wichtig ist nur, dass die Punkteveränderung im Rahmen Ihres Risikokapitals liegt.

Die Frage der Kerzengröße

Ich möchte mich jetzt mit einer Frage beschäftigen, die mir oft von Kunden gestellt wird. Sie lautet: »Ist es ein Problem, wenn die letzte Kerze eine sehr große Bewegung vollzogen hat und dadurch der Stoppkurs und dementsprechend auch das Limit weit vom derzeitigen Kursniveau entfernt liegen?« Diese Frage muss ich zwangsläufig mit »ja« beantworten! Deutlich wird diese Thematik an folgendem Beispiel:

Hier haben wir ein fallendes Signal, bei dem die letzte Kerze eine sehr starke Abwärtsbewegung vollzogen hat. Sehen Sie sich nun die Kursdaten dazu an.

Das Tagestief der letzten Kerze lag bei 3.528 Punkten, das Hoch bei 3.887 Punkten. Dies ergibt allein schon einmal eine Differenz von 359 Punkten, also fast 10 Prozent des Gesamtwerts dieser Aktie.

Rechnen wir nun noch die Höhe des Stop Loss, den maximalen Verlust und das Limit aus
Einstiegskurs: 3.528 Punkte
Stop Loss: 3.894 Punkte
Spread: 18 Punkte
maximaler Verlust: 384 Punkte
Limit Order: 2.760 Punkte

Der maximale Verlust läge bei 384 Punkten und das Limit würde 768 Punkten unter den Einstiegskurs gesetzt. Mein Rat ist in solchen Fällen: Lassen Sie die Finger von diesen Trades!

Zwar folgt manchmal einer sehr starken Kerze eine noch stärkere, ob diese Entwicklung aber dann ausreicht, um unsere Limit Order zu erreichen, ist mehr als fraglich.

Kapitel 4

Handeln Sie demnach bitte nur Signale, die eine »normale« Bewegung vollzogen haben. Sie vermeiden so negative Auswirkungen auf Ihr Gewinn-Verlust-Verhältnis!

Da wir pro Signal immer 1 Prozent Risikokapital verwenden, egal wie groß oder klein die Kerze ist, verändert sich der Gewinn nicht.

Aber wie Sie sich vielleicht schon denken können, ist bei einer kleineren bzw. normalen Kerze auch der Stopp bzw. der maximale Verlust in Punkten kleiner. Somit liegt auch die Limit Order nicht so weit entfernt und demnach können schon kleine Kursbewegungen ausreichen, damit diese erreicht wird.

Auch hierzu stelle ich Ihnen ein Beispiel vor:

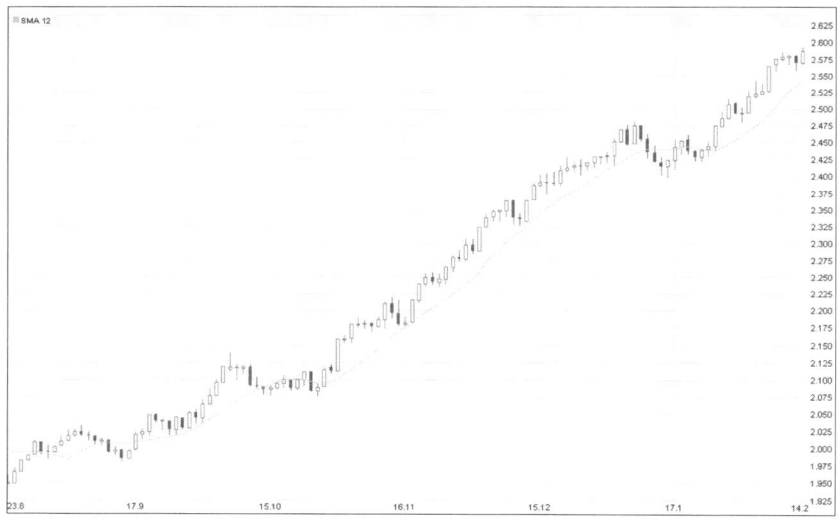

Dieser Chart zeigt ein schönes steigendes Signal. Wie sehr schön zu erkennen ist, ist die letzte Kerze in Anbetracht des Kursverlaufs ausreichend groß, jedoch auch nicht zu groß (sonst würde sich logischerweise auch wieder ein höheres Kursziel ergeben). Sehen Sie sich auf der nächsten Seite die Kursdaten an.

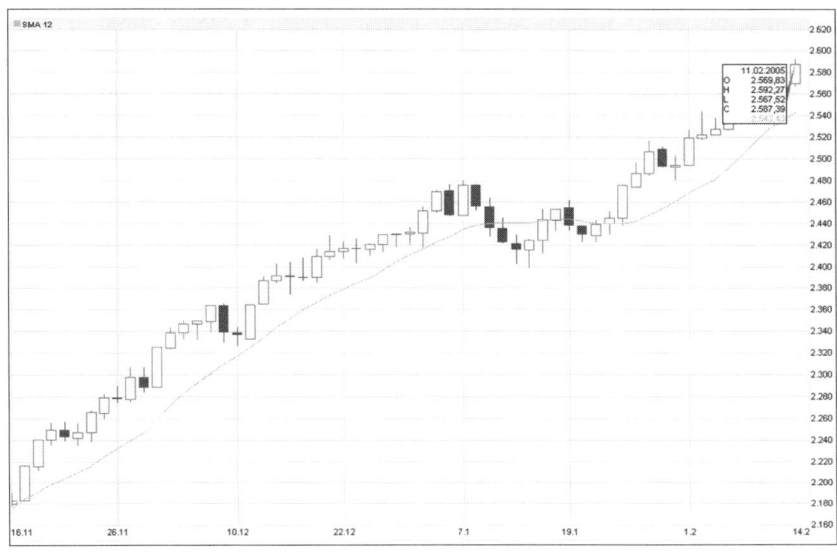

Aus dem Informationsfenster können Sie folgende Daten ableiten
Einstiegskurs: 2.592 Punkte
Stop Loss: 2.561 Punkte
Spread: 6 Punkte
maximaler Verlust: 37 Punkte
Limit Order: 2.666 Punkte

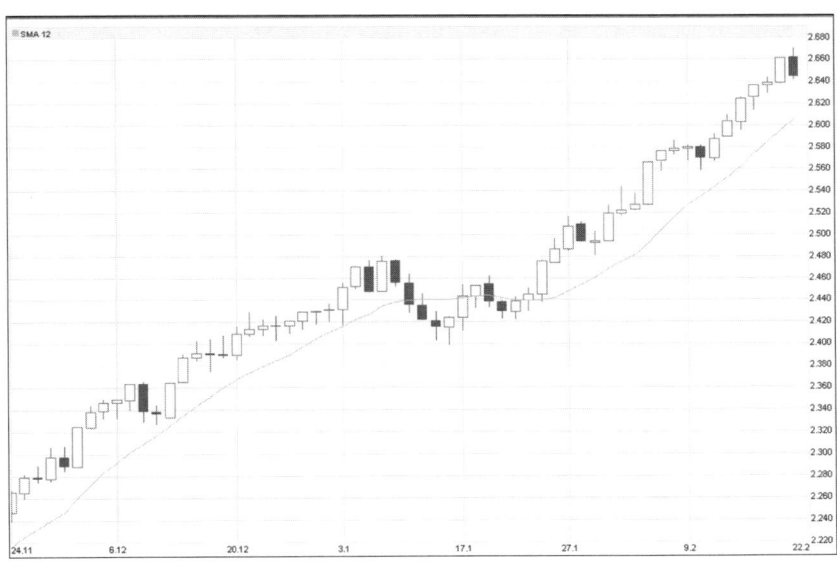

Mit der letzten Kerze wurde die Limit Order bei 2.666 Punkten aktiviert und der Gewinn dem Konto gutgeschrieben. Das Kursziel war durch die durchschnittliche Ausprägung der Einstiegskerze sehr moderat gehalten Dies hatte zur Folge, dass der Wert nach sechs Tagen ausgestoppt wurde.

Kommen wir zu weiteren wichtigen Details, die Sie kennen sollen, um erfolgreichen Handel durchzuführen!

KAPITEL 5

Margin, Spread und Gaps

- Das Margin
- Der Spread
- Gapping

Kapitel 5

Das Margin

Um zu verhindern, dass Sie der Wahnsinn übermannt und Sie bei einem Tradingkapital von 500 Euro auf die Idee kommen, z. B. 250 Euro pro Punkteveränderung zu handeln, verlangen die Broker ein sogenanntes Margin.

Dieses Margin ist eine Art Kaution, also eine Sicherheitshinterlegung, die Sie daran hindert, zu hohe Risikopositionen aufzubauen. Das Margin ist je nach Wert der Aktie unterschiedlich groß. Kleine Aktien haben ein kleines Margin. Bei Nokia z. B. liegt das Margin bei ca. 75, d. h., Sie müssen bei einem angenommenen Startkapital von 1.000 Euro eben jenes Startkapital durch 75 teilen. Diese Rechnung ergibt dann den Wert, den Sie maximal pro Punkt setzen können. Bei Nokia wären es 13 Euro pro Punkt.

Es ist Ihnen ja bereits klar, dass Sie keine 13 Euro pro Punkt setzen werden, dies haben wir ja bereits im Kapitel Trade- und Geldmanagement durchgenommen.

Nun erläutere ich Ihnen das Margin für eine größere Aktie.

Die Münchner Rück z. B. hat ein Margin von ca. 700. Mit einem Kapital von 300 Euro können Sie diese nicht handeln. Vielmehr benötigen Sie ein Mindestkapital von 700 Euro. Sollten Sie 1.000 Euro investieren wollen, ergeben sich 1,42 Euro pro Punkt. Ich weise hier aber noch einmal ausdrücklich daraufhin, dass es sich um ein theoretisches Beispiel handelt, wie viel Sie tatsächlich pro Punkt in Bezug auf das Margin setzen könnten und dies **nichts** mit einem vernünftigen Geldmanagement zu tun hat.

Gesagt sei noch, dass die Gewinnmöglichkeiten bei beiden Aktien gleich gut sind: Eine kleine Aktie bewegt sich prozentual genauso wie die große. Sie müssen also nicht große Werte handeln, um große Gewinne zu erreichen, da dies sowieso immer der Betrag pro Punkt regelt und Ihre Gewinne gleich bleiben, egal ob großer oder kleiner Wert. Der Minimalbetrag pro Punkt beträgt bei jeder Aktie ca. 1 Euro, bei englischen Werten auch darunter. Exklusiv für den Dax Rolling konnten wir nach langer

Überzeugungsarbeit bei Finspreads einen Minimaleinsatz von 0,10 Euro erreichen, da viele Signalhändler diesen regelmäßig auf Intraday-Basis handeln (mehr dazu in »Signalhandel 3 – Intraday Trading«).

Der Maximalbetrag liegt – abhängig von der Aktie – bei 1.000 – 1.500 Euro pro Punkt.

Lernen Sie das Margin in der Praxis kennen!

Sobald Sie einen Handel starten, also Ihre Order aktiv wird, wird das Margin von Ihrem Tradingkonto abgezogen. Das heißt, für weiteren Handel steht Ihnen nun nur noch das verbleibende verringerte Kapital zur Verfügung.

Sobald Sie mit Ihrem Trade in die Gewinnzone kommen, werden Sie jedoch bemerken, dass sich das noch verfügbare Margin durch den Kapitalzuwachs genauso erhöhen wird wie Ihr Gewinn.

Ebenso verhält es sich, wenn Sie mit Ihrem Trade im Minus sind. Hier wird jeder Euro, den Sie im Minus sind, auch von Ihrem Marginkonto abgezogen.

Hört sich kompliziert an, ist aber ganz einfach. Am besten betrachten Sie Ihren Kontostand gleichzeitig auch als Ihr Marginkonto.

Das Margin steht Ihnen sofort wieder zur Verfügung, sobald der Trade geschlossen wurde. Der jeweilige Gewinn oder Verlust steht Ihnen dann als Margin zur Verfügung, oder eben auch nicht mehr. Sobald Sie eine Stop Loss Order platziert haben, wird das Margin durch die Höhe der Stop Loss Order ersetzt.

Hier ein kurzes Beispiel

Der Dax hat ein Margin von 250 Punkten. Wenn Sie aber ein Stopp eingegeben haben, das 30 Punkte beträgt, beträgt das blockierte Margin nicht 250 Punkte, sondern nur eben diese 30 Punkte des Stopps.

Das niedrigste Margin haben Sie immer bei Indizes wie z. B. dem Dax, dem Dow Jones usw.!

Der Spread

Genau wie Sie möchte auch der Broker etwas verdienen. Die Brokergebühren werden in diesem Fall Spread genannt. Der Spread ist immer auch an die jeweilige Volatilität (Kursschwankungen) und Größe der Aktie angepasst.

Den günstigsten Spread finden Sie in der Regel bei den Indizes wie z. B. dem Dax und dem Dow Jones. Beim Dax beträgt der Spread 6 Punkte, bei einer momentanen Größe des Dax von ca. 6.000 Punkten. Beim Dow Jones ist es ähnlich, hier liegt der Spread bei 8 Punkten. Deshalb macht es aus Kostengründen auch immer Sinn, einen Index zu handeln, sofern ein Signal vorhanden ist.

Vergleichen wir nun noch den Spread von normalen Werten (Aktien), wie z. B. der Benetton Group als Referenz für einen kleineren Wert. Diese hat einen Spread von 2,6 Punkten, bei einer Größe von ca. 650 Punkten. Als Referenz für einen großen Wert dient uns Volkswagen, mit 68 Punkten Spread und einem Volumen von momentan ca. 17.000 Punkten.

Sie sehen also: Je größer die Aktie, desto größer im Verhältnis ist auch der Spread. Die Indizes sind vom Kostenfaktor gesehen eine Ausnahmeerscheinung und deshalb auch bevorzugt zu handeln, sofern – wie schon oben erwähnt – ein Signal vorhanden ist.

Generell ist der Spread aber immer fair: Kleine Aktie, kleiner Spread – große Aktie, großer Spread.

Kommen wir nun zur Praxis!

Der Spread wird Ihnen immer zu Beginn des Handels abgezogen, sobald Ihre Order aktiviert wurde. Dabei fließt vorerst kein Geld. Vielmehr starten Sie einfach 6 Punkte im Minus, um beim Beispiel mit dem Dax (6 Punkte Spread) zu bleiben. Sollte der Kurs jetzt innerhalb von 10 Minuten um 10 Punkte zulegen, haben Sie mit Ihrer Order ein Plus von 4 Punkten erzielt.

Hinweis

Wird die Order nicht aktiv, fällt auch kein Spread an. Der Spread wird immer nur fällig, wenn Ihre Order tatsächlich aktiv ist.

Der Spread wird immer zu Beginn der Order abgezogen, weitere Kosten wie z. B. Ordergebühren haben Sie nicht.

Gapping

Gapping (Lückenbildung) ist eine meist eher unschöne Erscheinung in der heilen Handelswelt, zumindest, wenn es am Tag unserer Orderausführung vorkommt.

Was ist ein Gap?

Ein Gap ist eine Lücke im Chart, die durch Kurssprünge zwischen dem Schlusskurs des Vortages und dem Eröffnungskurs des aktuellen Handelstages entsteht. Gerade bei größeren Aktien und vor allem bei den Aktien im US-Markt kommt es des Öfteren vor, dass der Kurs höher oder niedriger eröffnet, als er am Vortag geschlossen hat.

Ein Gap kann entstehen, wenn eine Aktie nach Börsenschluss einer Börse (z. B. einer europäischen Börse) an einer anderen Börse (z. B. in Japan, China, USA etc.) gehandelt wird und dabei eine starke Kursveränderung erfährt. Am nächsten Tag eröffnet diese Aktie dann zu einem deutlich gestiegenen oder gefallenen Kurs.

Kapitel 5

Hier ein kurzes Beispiel anhand der Münchner Rück

Der Schlusskurs des Vortages lag bei 11.500 Punkten. Nun eröffnet der Handel am nächsten Börsentag zu einem Kurs von 11.700 Punkten, also einer Differenz von 200 Punkten.

Was bedeutet das für uns?

Für uns kann dies zweierlei bedeuten: Hätten wir unsere Kauforder auf steigend bei 11.580 platziert, würden wir an der Differenz von 120 Punkte zum Eröffnungskurs nicht verdienen können, da unsere Order erst zum Eröffnungskurs von 11.700 ausgeführt würde. Die 120 Punkte sind also definitiv weg und wir steigen bei 11.700 mit einer Tradebilanz von sogar minus 87 Punkten ein, da jetzt erst noch der Spread abgezogen wird. Erfahrungsgemäß wird der Kurs meist erst einmal weiter ins Minus laufen, bis er sich vom Gap erholt hat, und dann seine ursprüngliche Richtung (die dann hoffentlich auch die unseres Signals ist) fortsetzen. Wahrscheinlich werden wir an diesem Tag mit diesem Wert keinen außergewöhnlichen Ertrag erzielen, aber ein kleinerer Kursgewinn sollte trotzdem drin sein. Im Worst Case hätte der Eröffnungskurs allerdings auch gleichzeitig unser Limit erreicht und wir würden dann so gut wie sicher mit einem Minus schließen.

Es empfiehlt sich also, falls es Ihnen zeitlich möglich ist, gerade bei größeren Aktien die Limit Order erst dann zu erfassen, wenn der Kurs eröffnet hat. So können Sie diesen Worst Case umgehen. Die Problematik der Gaps innerhalb der Kursentwicklung tritt zwar nicht besonders häufig auf, allerdings hat jeder Trader, den ich bis dato getroffen habe, schon einmal ein Minus durch ein Gap eingefahren. Nichts Beunruhigendes also, falls auch Sie einmal zu diesem illustren Kreis gehören sollten.

Auf den folgenden Seiten nehme ich Sie auf einen kurzen Trip durch meinen Tradingalltag mit. Ich möchte Ihnen ein besseres Gefühl für den Handelsalltag mit all seinen Facetten vermitteln. Einiges in diesem Tagesablauf ist natürlich nicht ganz ernst gemeint, sondern dient eher Ihrer Auflockerung.

KAPITEL 6

Mein Börsenalltag

– Mein Börsenalltag
  Sonntag bis Freitag

Kapitel 6

Mein Börsenalltag

Sonntag

Mann, ist das heiß da draußen. Ich soll heute mit meiner Familie zum Baden gehen, aber zuerst muss ich mich noch um neue Signale kümmern. Also schnell die Plattform aufgemacht und nach einem oder zwei guten Signalen gesucht.

Mein Sohn kommt ins Büro: »Papa, wann gehen wir denn endlich schwimmen?« »Gleich«, sage ich. Zwei Minuten später kommt meine Frau. »Dass du so etwas immer machen musst, wenn wir gehen wollen!« Auch sie vertröste ich noch einmal kurz. Was ist denn das? Ein Spitzensignal im Dax-Index! Das ist ja der ungekrönte König der Signale und außerdem hat dieser das niedrigste Margin sowie den niedrigsten Spread. Gut, schnell noch mal die anderen Indizes anschauen, da sich diese meist ziemlich identisch verhalten. Leider ist in den anderen Indizes kein Signal zu erkennen bzw. die Kerzen sind zu klein.

Gerade, als ich die Dax-Order beim Broker eingeben will, sehe ich aus den Augenwinkeln, wie meine Frau ganz genervt am Türrahmen lehnend steht, so, als ob Sie mir sagen wollte: »Wie lange braucht denn der feine Herr noch?« Da schießt mir wieder ein Gedanke durch den Kopf, den ich des Öfteren habe: »Wie viele Menschen müssen auch am Wochenende arbeiten und haben keine Zeit für ihre Familien?! Und bei mir kommt es jetzt auf zehn Minuten mehr oder weniger an!« Ich platziere also noch schnell die Limit Order und gebe dem Druck meiner Meute nach. Das Wetter ist auch zu schön, um noch länger im Büro zu sitzen, also ab an den See.

18.00 Uhr, oh Mann, die Sonne hat mir das ganze Gesicht verbrannt. Ich denke kurz darüber nach, noch nach einem Signal zu suchen, lasse es dann aber sein. Durch das Toben mit den Kindern bin ich so erschöpft, dass ich schon zehn Minuten später auf der Couch einschlafe. Selbstverständlich sehr zum Leidwesen meiner Frau, die jetzt den Nachwuchs allein in der Badewanne bändigen muss.

Montag

Acht Uhr und ich bin immer noch völlig gerädert, da ich – wie so oft – die Nacht auf der Couch verbracht habe anstatt in meinem Bett. Kaffee! Wo ist der Kaffee? Wieso ist der Kaffee noch nicht fertig? Meine Frau, die sich gerade abmüht, die Kinder für den Kindergarten fertig zu machen, grinst mich wortlos an. Das soll wohl bedeuten, dass ich mir selbst einen Kaffee machen muss. O.K., es gibt Schlimmeres um diese Uhrzeit. Wenn auch nicht viel!

Kurz noch ins Bad, danach ist hoffentlich auch der Kaffee fertig.

09.30 Uhr, jetzt aber ab ins Büro. Gut, dass mein morgendlicher Arbeitsweg so kurz ist, die zwanzig Meter von der Küche ins Büro schaffe ich doch noch.

Was gibt es denn bei Bloomberg Neues? Also erst einmal den Fernseher an, um die Frühbörse zu sehen, da ich – ausgehend vom Signal im Dax – auf Tagesbasis auch einen Trade im 10-Minuten-Chart platzieren wollte (hierüber erfahren Sie mehr im Buch »Signalhandel 3 – Intraday Trading«), falls es der Markt zulässt. Wow, denke ich, als ich meine Tradingplattform öffne. Die Order des Dax war schon aktiv und auch mit 30 Punkten im Plus. Wichtige Zahlen stehen heute nicht auf dem Programm, sodass ich jetzt nur noch auf ein Einstiegssignal im 10-Minuten-Chart warten muss.

Eine Stunde später finde ich es auch. Schnell den Trade eingeben und dann erst einmal etwas frühstücken.

Als ich mit zwei belegten Brötchen wieder am Rechner sitze und meine Tastatur vollkrümele, sehe ich, dass es an der Zeit ist, die Stopps bei meinem Intraday-Handel zu versetzen, um damit schon einmal die ersten Gewinne zu sichern. Das Signal im Tageschart legt auch immer weiter zu.

So, jetzt kommt der angenehme Teil der Arbeit, also schnell das Mailprogramm geöffnet, um meine E-Mails abzurufen. Als ich die Statusleiste sehe, weiß ich, dass wieder einiges an Arbeit im Anrollen ist. Die fünfte Nachricht von insgesamt achtunddreißig Meldungen wird gerade abgerufen. Also schnell noch einmal in die Küche, um frischen Kaffee zu holen.

Als ich mir dann einen Überblick über die eingehenden E-Mails verschafft und die Spams aussortiert habe, lese ich die E-Mails meiner Kunden. Für mich als Trader sind diese Kontakte kein unnützer Ballast, wie Sie vielleicht denken mögen. Ich empfinde diese Kommunikation als sehr bereichernd. Meine Kunden bilden einen Teil meines Arbeitsumfeldes, das durch die Art meiner Tätigkeit – neben meinen Seminaren – sonst eher wenig Kontaktmöglichkeiten bietet, zumindest auf beruflicher Ebene.

Markus S. benötigt eine Auskunft. Herr A. möchte wissen, ob er diese Strategie auch auf normale Aktien anwenden kann. Christian bedankt sich für das hilfreiche Seminar in Frankfurt und freut sich, dass es jetzt mit seinen Trades viel besser klappt. Als ich dann nach einer Stunde alle E-Mails beantwortet habe und in dieser Zeit auch die Stopps meines Intraday-Trades noch zweimal versetzt habe, muss ich mir überlegen, wie ich den Tag gestalten werde.

Die erste Überlegung ist, den ganzen Tag weiter zu traden, da sich heute sehr gute Möglichkeiten bieten. Alternativ könnte ich meinen großen Sohn vom Kindergarten abholen und mit ihm das neue FC Bayern-Trikot kaufen. Das Wetter spricht eher für die zweite Variante.

Ich muss also nur noch warten, bis mein Intraday-Trade ausgestoppt wird, und dann kann ich wieder über meine Zeit verfügen.

Schließlich kommt es auch so: Ich werde mit 46 Punkten im Plus ausgestoppt, schließe die Tradingplattform und verbringe den restlichen Tag mit meinem Sohn.

Gegen 19.45 Uhr mache ich mich an die Signalanalyse, da ich momentan nur noch den Dax laufen habe. Die passenden Signale finde ich relativ schnell, sodass ich gegen 20.10 Uhr Feierabend machen kann.

Dienstag

Endlich ohne Rückenschmerzen aufgewacht und auch der Kaffe steht schon bereit. Ich denke kurz darüber nach, ob dies nun ein gutes oder eher ein schlechtes Omen ist, da der Tag gestern zwar nicht so gut begonnen hatte, der Handelstag aber ziemlich erfolgreich endete.

Ich mache mich also nach dem Gang ins Bad auf den schier endlos langen Weg in mein Büro. Bloomberg bringt gerade wieder die Frühbörse, in der es um den asiatischen Markt geht. Dieser hat, im Vergleich zum Vortag, ziemlich unverändert geschlossen. Seltsam, denke ich mir, bei den guten Zahlen aus Europa und Amerika eher ungewöhnlich. Die zwei Signale, die ich gefunden habe, waren noch nicht aktiv, da die Börse noch geschlossen hat. Ich schaue mir also den 10-Minuten-Chart des Dax an (der Dax läuft von 0.01 Uhr bis 23.59 Uhr) und stelle fest, dass der Kurs noch keine spezielle Tendenz hat. Gut, dann setze ich mich jetzt erst einmal auf den Heimtrainer, dem ich in den letzten Wochen so wenig Zeit geschenkt habe. Während ich mir dort einen abstrample, habe ich immer mit einem Auge die Kurse im Blick. Der Dax dreht nun deutlich erkennbar ins Minus. Da der steigende Trend des Vortages allerdings noch aktiv ist, würde hier ein Einstieg zum jetzigen Zeitpunkt keinen Sinn machen. Also strample ich weiter. Plötzlich klingelt es an der Tür: Es ist – oh Wunder – der Postbote. Ein Päckchen für mich!? Überrascht öffne ich es und dann dämmert mir langsam, weshalb ich so unerwartet diese Lieferung erhalte. Es kommt von Bärbel. Beim letzten Seminar in Zürich gehörte sie zum illustren Kreis der Teilnehmer – an dieser Stelle ein Gruß an alle (besonders auch an Ed, mit dem ich an dem Tag sehr viel Spaß hatte). Bärbel war ganz fasziniert, als ich von der Ästhetik des Charts sprach. Wir unterhielten uns nach dem Seminar noch ein wenig. Sie erzählte mir, dass sie ein Buch über die Ästhetik von Wasser gelesen habe und wie sich dieses im Vergleich in kaputten Gegenden, wie z. B. in Tschernobyl und einem schön gelegenen Gebirgssee verhält. Im Päckchen vor mir liegt jetzt ein Buch mit dem Titel »Wasserkristalle« von Masaru Emoto, dessen Bilder die Schönheit von Natur auf mystische Weise deutlich machen. Sehr interessant, kann ich da nur sagen. Fast noch mehr freue ich mich allerdings über die beigelegte Karte. Ich beginne zu lesen: »Hallo lieber Nino, Du hast in Zürich in Form und Inhalt ein absolutes Suuuuuper–Seminar aufgelegt, für das ich Dir nochmals von Herzen danken möchte! Anbei ein paar besonders ästhetische Wassercharts für Dich ... Frohe Pfingsten Dir und Deiner Familie und herzliche Grüße von Bärbel«.

Super, denke ich mir, da lohnt sich die ganze Mühe und Arbeit gleich noch mehr. Das gibt Auftrieb.

Mir ja, dem Chart leider nicht – er fällt weiter. Der steigende Trend ist aber noch nicht gebrochen, weshalb ich von einem Einstieg auf fallend absehe. Meine Signale des Vortags sind auch noch nicht aktiviert, also beantworte ich meine E-Mails, schließe die Tradingplattform und gehe zum Mittagessen in den Biergarten. Ich habe meinen Laptop dabei und widme mich weiter der Überarbeitung dieses Buchs.

Immer noch im Biergarten sitzend, gehe ich später mit meiner UMTS-Karte online und schaue mir an, was der Dow Jones macht. Er hat vor dreißig Minuten eröffnet und ich bin nicht überrascht zu sehen, dass der Kurs mittlerweile wieder kräftig gestiegen ist und somit auch die 2 Trades auf Tagesbasis aktiviert wurden. Gut, bisher zwar kein Intraday-Trade, aber die Signale sind aktiv geworden. Ich packe meine Sachen zusammen und gehe nach Hause. Heute führe ich keine Signalanalyse mehr durch, da ich bereits drei steigende Signale laufen habe.

Mittwoch

Der Markt legt weiter zu. Bei meinem morgendlichen Blick auf meine Positionen sehe ich, dass der Dax sowie ein weiterer Wert fehlen. Wunderbar, ausgestoppt! Der dritte und letzte Wert ist kurz davor.

Ich verspüre an diesem Tag allerdings keine allzu große Lust, noch einen Intraday-Trade zu eröffnen, auch wenn Chancen vorhanden sind. Bei diesem schönen Wetter zieht es mich nach draußen. Ich schnappe mir also das Buch über die Wasserkristalle sowie eines meiner heiß geliebten »Geisterjäger John Sinclair«-Taschenbücher (ich weiß, sehr unreif!) und setze mich in ein Straßencafé in der Innenstadt. Der Tag bringt außer einer gehörigen Portion Entspannung und dem Unmut meiner Frau (»Du hättest ja wenigstens zum Einkaufen fahren können, wenn Du schon sonst den ganzen Tag nichts zu tun hast!«) am Abend auch noch das dritte positiv ausgestoppte Signal ein. Meine Frau kann ich, wie immer in solchen Momenten, mit der Frage »Was glaubst Du, wie viel ich heute verdient habe?« versöhnen. Allerdings nennt sie dann derart übertriebene oder auch untertriebene Summen, dass sie mich damit jedes Mal auf die Palme bringt, woraufhin sie wiederum sehr zufrieden ist! Man nennt das – glaube ich – »angewandte Psychologie«.

Donnerstag

Da ich mir am Mittwoch keine Signale gesucht habe, war natürlich auch kein aktiver Trade in meinem Account. Das Wetter ist heute miserabel, also beginne ich, die E-Mails vom Mittwoch und von heute zu beantworten. Dies nimmt mich ca. neunzig Minuten in Anspruch. An meinem Rechner läuft parallel der Dax als 10-Minuten-Chart. Ich erkenne eine sehr gute Einstiegsmöglichkeit auf steigend und nehme diese natürlich sofort wahr. Ich versetze die Stopps und liege mittlerweile 18 Punkte im Plus. Der Kurs steigt langsam, aber stetig weiter und ich kann die Stopps abermals nach oben versetzen. Nun liege ich bereits 32 Punkte im Plus und entschließe mich, meine Position zu erhöhen (die genaue Vorgehensweise finden Sie in »Signalhandel Band 2 – Strategien und Techniken«). Ich eröffne also nochmals eine Position, in gleicher Höhe wie die erste. Der Trade läuft noch ca. 45 Minuten, bevor ich durch eine ziemlich große Korrektur ausgestoppt werde. Mein Gewinn liegt bei meiner ersten Position bei 48 Punkten, bei der zweiten bei 15 Punkten. Das Ergebnis ist für mich in Ordnung und ich sehe deshalb keine Veranlassung, heute noch weitere Trades zu platzieren. Ich fahre also die Kinder abholen und gehe danach mit ihnen und meiner Frau zum Einkaufen. Die Signalanalyse für den nächsten Tag kann ich für den europäischen Markt noch nicht machen, da die Börse noch geöffnet ist.

Am Abend führe ich dann die Signalanalyse durch. Es sind aber leider keine Signale zu finden. Ich entschließe mich dazu, am nächsten Tag die Analyse des US-Marktes zu machen, da dieser erst um 15.30 Uhr eröffnet.

Kapitel 6

Freitag

Der schönste Tag der Woche, sowohl wettertechnisch wie auch sonst, da der Freitagabend immer mein Abend ist, um ein wenig um die Häuser zu ziehen.

Ich beantworte erst einmal alle E-Mails – es sind heute über 45 Stück, Spam schon abgezogen.

Als ich alle E-Mails beantwortet habe, mache ich mich an die Signalanalyse des US-Marktes. Als ich beim Buchstaben »B« ankomme, habe ich bereits 5 sehr gute Signale gefunden, wovon ich mir die besten 3 aussuche und mir die weitere Analyse spare. Es sind in diesem Fall 3 steigende Signale.

Ich gebe diese Werte in die Plattform ein und wende mich anschließend dem 10-Minuten-Chart zu. Ich erkenne eine Einstiegsmöglichkeit und steige in den Markt ein. Etwa zehn Minuten später ist meine Position ausgestoppt und ich habe 19 Punkte Miese. Nicht tragisch, aber auch kein Grund, auf das nächste Einstiegssignal zu warten, zumal der Kurs nun deutlich seitwärts geht. Als der amerikanische Markt um 15.30 Uhr eröffnet, ist die Tendenz klar nach unten gerichtet, sodass die Signale nicht aktiviert werden. Keine Überraschung, nach den starken Anstiegen der letzten Tage. Da wird wohl wieder einer im abgedunkelten Raum um Hilfe gerufen haben.

Ich lösche meine inaktiven Positionen aus der Plattform, da ich mir hier heute nichts mehr verspreche und mache meine Wochenabrechnung:

3 Trades auf Tagesbasis Gewinn/Verlust: +462 Punkte
3 Trades im 10-Minuten-Chart: +90 Punkte
Gesamt: 552 Punkte

Normalerweise läuft die Abrechnung etwas detaillierter ab, aber zur Veranschaulichung reicht diese verkürzte Darstellung meiner Meinung nach aus.

Dies ist das Ende meiner Arbeitswoche. Ich hoffe, ich konnte Ihnen damit einen kleinen Einblick in eine normale Tradingwoche und in mein Leben geben, ohne dabei gleich einen Striptease hingelegt zu haben (der kommt erst in »Signalhandel 2 – Strategien und Techniken«).

Ich möchte Ihnen vor allem verdeutlichen, dass Trading auf Tagesbasis eigentlich absolut stressfrei ist. Das Einzige, was Sie tun müssen, ist, die passenden Signale zu suchen. Am Anfang dauert die Analyse vielleicht etwas länger, da Sie noch nicht so geübt sind. Mit der Zeit wird Ihnen das aber immer schneller und leichter von der Hand gehen.

Außerdem ist es auch nicht zwingend notwendig, permanent einen Trade laufen zu haben. Entscheiden Sie ganz allein, was Sie für richtig halten!

KAPITEL 7

Der Broker

– Wo können Sie handeln?

– Anmeldung bei Finspreads

Kapitel 7

Wo können Sie handeln?

Ich hoffe, ich haben Ihnen die Signalanalyse sowie die Ordermöglichkeiten verständlich erklärt und wir können nun zu einer anderen Frage kommen: Wo können Sie handeln? Ich möchte darauf hinweisen, dass ich keinerlei geldbringende Abkommen zum Zeitpunkt der ersten Buchveröffentlichung (außer meinem eigenen Handel natürlich) mit den folgend genannten Firmen abgeschlossen habe. Die Auswahl dieser Unternehmen beruht einfach auf den stets guten Erfahrungen, die ich immer mit ihnen gemacht habe. Es handelt sich hierbei um zwei Firmen und bei beiden habe ich ein Tradingkonto.

Finspreads

Als Erstes nenne ich Ihnen die Firma Finspreads (www.finspreads.com), deren Plattform ich hauptsächlich nutze. Finspreads hat den Vorteil, dass der Handel hier sehr unkompliziert abläuft und die Benutzeroberfläche für jeden sehr leicht verständlich ist. Des Weiteren ist das Margin verhältnismäßig niedrig.

Die Anmeldung bei Finspreads läuft über das Internet oder per Post. Ich habe mich damals über das Internet registriert und mein Account wurde auch sofort freigeschaltet.[9] Ein weiterer Vorteil ist, dass Finspreads in jedem Land Konten hat (in Deutschland bei der Commerzbank Frankfurt), von dem man sein Kapital auf das Tradingkonto überweisen kann.[10] Sie tätigen also immer eine Inlandsüberweisung, die zum einen sehr schnell geht und zum anderen auch kostenlos ist. Genauso zügig werden die Gewinne aber auch wieder auf dem Girokonto gutgeschrieben. Es war mir z. B. am Anfang sehr wichtig, dass ich wieder schnell über meinen Ertrag verfügen konnte.

---

[9] Mittlerweile müssen Sie sich nach der Anmeldung legitimieren, das heißt, eine Ausweiskopie und einen Adressnachweis entweder per E-Mail oder per Post an Finspreads senden. Als Adressnachweis genügt erfahrungsgemäß ein Anschreiben Ihrer Bank, sensible Daten können Sie selbstverständlich auch schwärzen.

[10] Sie selbst benötigen kein Konto bei der Commerzbank, da Sie auch von Ihrer Hausbank auf das Konto von Finspreads bei der Commerzbank überweisen können.

Falls Sie sich für Finspreads entscheiden sollten, beachten Sie bitte, dass Sie Ihr Guthaben, das Sie für den Handel verwenden möchten, nur von dem Konto überweisen, auf dem nach dem Handel die Gewinne wieder eingehen sollen. Außerdem muss bei Finspreads der Kontoinhaber auch der Accountinhaber sein.

Kontoeröffnungs- und Kontoführungsgebühren fallen nicht an. Wenn Sie handeln, zahlen Sie nur den Spread, keine weiteren Gebühren oder Kosten.

IG Index plc

Als Zweites möchte ich Ihnen die Firma IG Index plc (www.igindex.co.uk) vorstellen. Dort ist sehr vieles ähnlich wie bei Finspreads, allerdings klappt die Anmeldung nicht so reibungslos und das Margin der Aktien ist etwas höher. Der Spread ist dafür bei beiden ziemlich gleich. IG Index hat jedoch die größere Auswahl an Aktien. Hier können Sie sämtliche Aktien aus allen europäischen Indizes handeln, unter anderem auch aus dem TecDax usw.

Bei Finspreads sind viele europäische Aktien aus dem Dax und dem Euro Stoxx vertreten, was aber durchaus ausreichend ist. Die amerikanischen Aktien aus dem Dow Jones und dem Nasdaq finden Sie in beiden Systemen. Die von mir genannten Firmen sind in England ansässig. Ein deutsches Unternehmen, das diese Handelsmethode anbietet, gibt es leider nicht.

Ich möchte außerdem darauf hinweisen, dass ich bisher nur gute Erfahrungen mit diesen Firmen gemacht habe, egal ob die Überweisungen der Gewinne oder den Kundensupport betreffend. Im Übrigen sind alle Broker gegen Verluste versichert, sodass Sie sich Ihrer Gewinne auch sicher sein können, wenn Sie einmal richtig zugeschlagen haben sollten.

Wie bereits erwähnt, können Sie für diese Art von Handel selbstverständlich ebenso ein anderes Finanzprodukt wählen. Ich stelle Ihnen meine Handelsmöglichkeit ganz bewusst vor, da sie in unseren Breitengraden noch so gut wie unbekannt ist und einfach sehr viele Vorteile gegenüber anderen Handelsmöglichkeiten bietet.

Vor allem für Leute, die erst einmal mit wenig Kapital beginnen möchten, macht diese Vorgehensweise natürlich viel mehr Sinn, als z. B. der Handel mit CFDs oder anderen Finanzprodukten, bei dem das Einlagekapital meist mindestens im 4-stelligen Bereich liegt.

Ich möchte an diesem Punkt auch auf steuerliche Aspekte eingehen. Das habe ich in der Vorgängerversion meines Buches nicht gemacht. Aufgrund der vielen eingegangenen E-Mails mit Fragen zu diesem Thema halte ich es für angeraten, hier einige Informationen zu liefern.

Dies ist allerdings nicht als Rechtsberatung oder Empfehlung zu verstehen!

Zum einen bleibt festzustellen, dass es sich beim Spread Betting um eine Finanzwette handelt. Die Vorgehensweise ist zwar die gleiche wie bei jedem anderen Handel. Dennoch läuft der Handel rechtlich als Finanzwette. In England sind solche Wetten steuerfrei. Bei uns in Deutschland wird diese Handelsmethode in der Regel auch als steuerfrei anerkannt. Bitte informieren Sie sich aber bei Ihrem zuständigen Finanzamt genau darüber, da es bisweilen von Finanzamt zu Finanzamt abweichende Ansichten gibt. Eine allgemeingültige Aussage kann man hier also nicht treffen.

Sollten Sie die ersten Gewinne eingefahren haben, empfehle ich Ihnen, sie bei Ihrer Einkommenssteuererklärung anzugeben und darüber hinaus genau und detailliert zu schildern, was es mit dieser Handelsmethode auf sich hat.

Es kann also durchaus sein, dass diese Einnahmen bei Ihnen nicht besteuert werden. Um diesbezüglich mehr zu erfahren, wenden Sie sich bitte an Ihr zuständiges Finanzamt.

Kommen wir nun aber zur Anmeldung bei Finspreads, durchführbar unter www.finspreads.com/handelskonto. Melden Sie sich ausschließlich unter diesem Link an, sofern Sie einen deutschen Support benötigen!

Anmeldung bei Finspreads

Schritt 1

Als Erstes werden Ihre persönlichen Daten abgefragt.

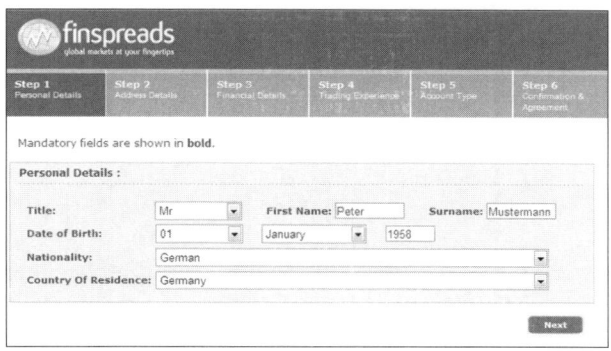

Erläuterungen zu Schritt 1

- **Titel:** Mr = Herr, Mrs = Frau
- **First Name:** Vorname
- **Surname:** Nachname
- **Date of Birth:** Geburtsdatum
- **Nationality:** Nationalität
- **Country of Residence:** Land, in dem Sie leben

Kapitel 7

Schritt 2

Hier müssen Sie nun Ihre Adressdaten eingeben.

Erläuterungen zu Schritt 2

- **Country:** Land
- **Adress Line 1:** Adresszeile 1, hier geben Sie bitte die Straße ein
- **Town:** Stadt
- **Postcode:** Postleitzahl
- **Occupancy Type:** Art des Besitzverhältnisses, z. B. »rented«, (*übersetzt:* Wohnen zur Miete)
- **Time At Address:** Angabe der Meldedauer am genannten Wohnort (Falls Sie kürzer als drei Jahre dort gemeldet sind, öffnet sich ein weiteres Feld, in dem Sie Ihre vorherige Wohnadresse angeben müssen.)
- **Home Telephone:** Ihre private Telefonnummer
- **Email Address:** Ihre E-Mail-Adresse

- **Confirm email:** Ihre E-Mail-Adresse (zur Bestätigung nochmal eingeben)
- **How did you hear about us?:** (*übersetzt:* Wie haben Sie von Finspreads erfahren?) hier z. B. »Signalhandel« erfassen

Schritt 3

Machen Sie nun bitte Angaben zu Ihrer beruflichen Tätigkeit.

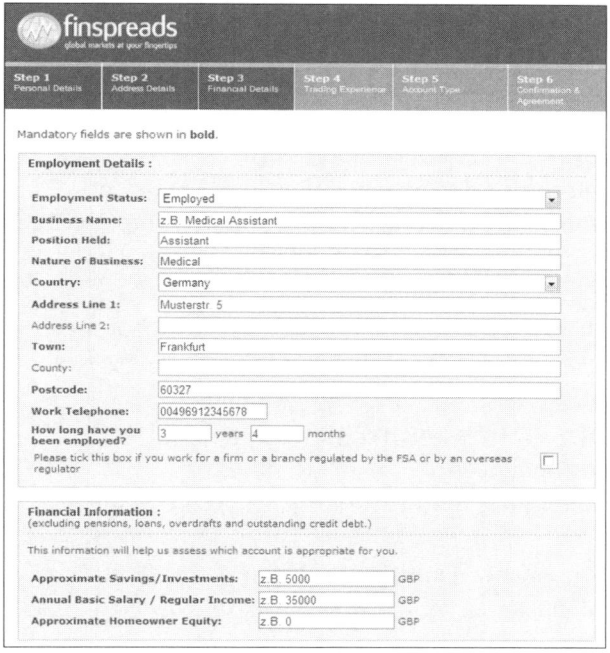

Erläuterungen zu Schritt 3

- **Employment Status:** Arbeitsverhältnis, z. B. »employed« (*übersetzt:* angestellt)
- **Business Name:** Name des Berufs, hier »medical assistent« (*übersetzt:* medizinischer Assistent)
- **Position Held:** Ihre Position
- **Nature of Business:** Art der Tätigkeit (Branche)

- **Country:** Land,
- **Address Line 1:** Adresszeile 1, hier geben Sie bitte die Adresse (Straße) des Arbeitgebers ein
- **Town:** Stadt
- **Postcode:** Postleitzahl,
- **Work Telephone:** Ihre berufliche Telefonnummer
- **How long have you been employed?:** *(übersetzt:* Wie lange sind Sie bei diesem Arbeitgeber schon angestellt?) Dauer der Beschäftigung angeben
- **Please tick this box if you work for a firm or a branch regulated by the FSA or by an overseas regulator** *(übersetzt:* Bitte klicken Sie dieses Kästchen an, falls Sie für eine Firma oder in einer Branche arbeiten, die von der FSA (englische Regulierungsbehörde) oder einer Behörde außerhalb Englands (z. B. der BaFin in Deutschland) reguliert wird.
- **Financial Information:** Informationen über Ihre Finanzen
- **Excluding pensions, loans, overdrafts and outstanding credit card debt:** *(übersetzt:* ausgenommen Rentenansprüche, Darlehen, Überziehungen und Kreditkarten)
- **This information will help us assess which account is appropriate for you:** *(übersetzt:* Diese Information wird uns bei der Bewertung helfen, welches Konto für Sie geeignet ist.)
- **Approximate Savings/Investments:** geschätzte Höhe der Spar- und Investmentanlagen
- **Annual Basic Salary/Regular Income:** jährliches Grundgehalt bzw. Einkommen
- **Approximate Homeowner Equity:** geschätzter Wert des Immobilienvermögens

Der Broker

Schritt 4

Machen Sie hier bitte Angaben zu Ihrer bisherigen Tradingerfahrung.

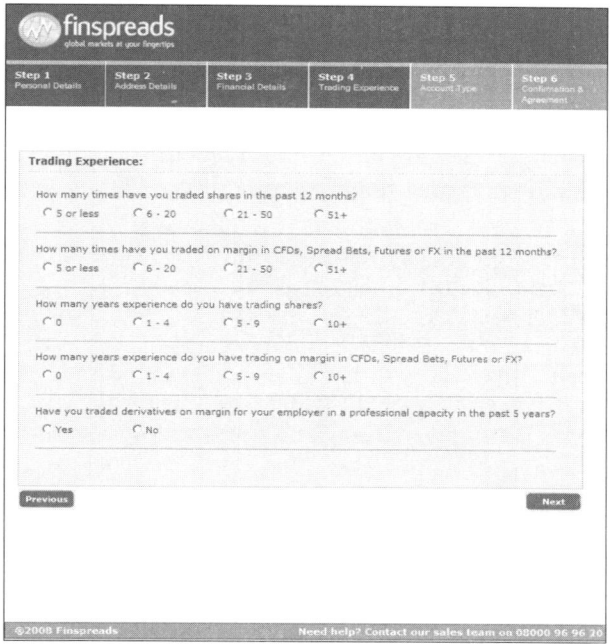

Erläuterungen zu Schritt 4

- **How many times have you traded shares in the past 12 month?** *(übersetzt:* Wie oft haben Sie die letzten 12 Monate mit Aktien gehandelt?)
- **How many times have you traded on margin in CFDs, Spread Bets, Futures or FX in the past 12 months?** *(übersetzt:* Wie oft haben Sie die letzten 12 Monate mit CFDs, Spread Bets, Futures oder Forex gehandelt?)
- **How many years experience do you have trading shares?** *(übersetzt:* Wie viele Jahre Erfahrung haben Sie im Aktienhandel?)
- **How many years experience do you have trading on margin in CFDs, Spread Bets, Futures or FX?** *(übersetzt:* Wie viele Jahre Erfahrung haben Sie mit CFDs, Spread Bets, Futures oder Forex?*

Kapitel 7

- **Have you traded derivatives on margin for your employer in a professional capacity in the past 5 years**? *(übersetzt:* Haben Sie die letzten 5 Jahre für Ihren Arbeitgeber im professionellen Umfang Derivate gehandelt?)

Schritt 5

Hier können Sie festlegen, ob Sie an der Trading Academy teilnehmen möchten sowie Ihre Bankverbindung hinterlegen.

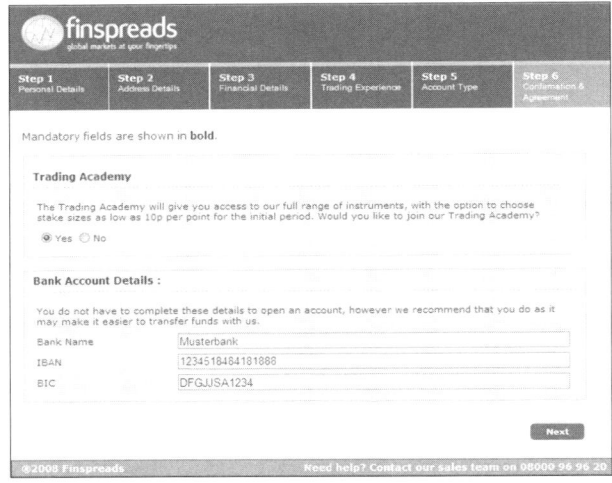

Erläuterungen zu Schritt 5

- **Trading Academy:** The Trading Academy will give you access to our full range of instruments, with the option to choose stake sizes as low as 10p per point for the initial period. Would you like to join our Trading Academy? Die Trading-Akademie gibt Ihnen Zugriff auf die komplette Plattform sowie alle Werte und Handelsmöglichkeiten. Sie haben allerdings die Möglichkeit, sieben Wochen lang (so lange können Sie die Trading Akademie nutzen) einen kleineren Betrag pro Punkt setzen als z. B. 0,10 Pfund (Ihr Account kann selbstverständlich auch in Euro geführt werden).

- **Bank Account Details:** You do not have to complete this details to open an account, however we recommend that you do as it may make it easier to transfer funds with us. In diesem Feld können Sie Ihre Bankverbindung eintragen (Bankname, IBAN und BIC). Dies ist zwar keine Pflicht, erleichtert aber den Geldtransfer zwischen Ihnen und Finspreads. Falls Sie keine Bankverbindung eintragen, wird die Bankverbindung, von der Sie Ihr Startkapital eingezahlt haben, als Ihre Bankverbindung registriert. Bitte beachten Sie, dass Auszahlungen nur auf dieses Konto erfolgen bzw. auf das jeweilige Referenzkonto, das Sie bei Finspreads angegeben haben.

Schritt 6

Nun müssen Sie noch die AGBs bestätigen und ein Plattformpasswort festlegen.

Erläuterungen zu Schritt 6

- Im letzten Abschnitt der Anmeldung lesen Sie sich bitte noch die Erklärungen durch und vergeben ein Passwort (mindestens sechs Zeichen, maximal zwanzig Zeichen), das Sie zum Einloggen in die Finspreads-Plattform benötigen.
- **Do not send promotional material:** Hier können Sie entscheiden, ob Sie auch Werbung etc. von Finspreads empfangen möchten. Wenn Sie das Kästchen anklicken, erhalten Sie **keine** Werbung.
- Nun müssen Sie noch bei Type »I accept« eintippen und anschließend auf Submit (*übersetzt:* übermitteln) klicken. Das war's!
- Sie werden nun, da die Kontoeröffnungsdaten an Finspreads übermittelt wurden, mehrere E-Mails von Finspreads erhalten. Diese sollten Informationen über die Kontonummer, Ihre Star Call Pin sowie die Bankverbindung von Finspreads enthalten, zu der Sie Ihr Startkapital überweisen müssen.
- In den meisten Fällen wird Ihr Tradingkonto sofort freigeschaltet. Innerhalb von zwei Wochen sollten Sie allerdings eine beidseitige Ausweiskopie und einen Adressnachweis an Finspreads senden, entweder per E-Mail, Fax oder Post.

Hinweis

Für die Richtigkeit und Aktualität der Übersetzung wird keine Gewähr übernommen!

KAPITEL 8

Die Plattform

- Erklärung der Plattform
- Signalanalyse über Finspreads
- Ordereingabe

Kapitel 8

Erklärung der Plattform

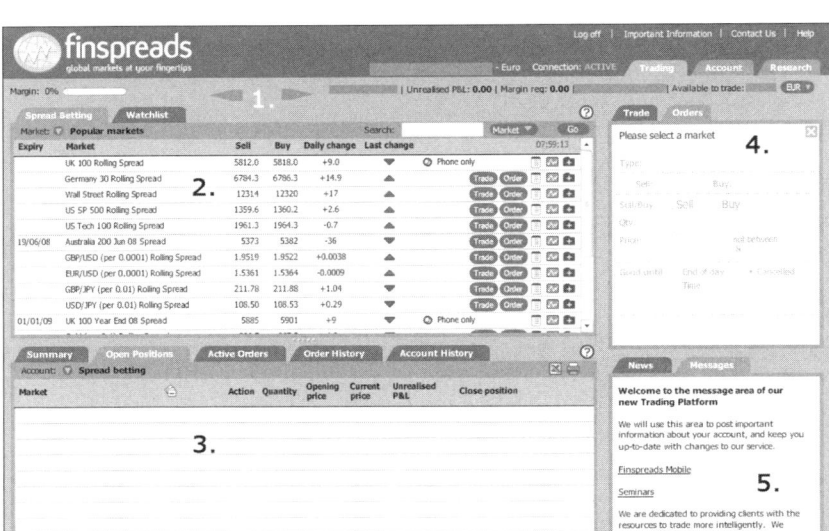

Punkt 1.

- **Spread Betting**: Unter dem Register »Spread Betting« finden Sie alle handelbaren Werte, die Finspreads anbietet.
- **Watchlist**: Unter dem Register »Watchlist« können Sie sich eine Liste der Titel zusammenstellen, die Sie häufig beobachten. Sie übernehmen eine Aktie in Ihre Beobachtungsliste, indem Sie auf das weiße Plus klicken, das sich neben den Werten befindet. Selbstverständlich ist es auch möglich, mehrere Listen zu verwenden und auch zu benennen.
- **Margin:** Oben links finden Sie den Margin-Indikator, der Ihnen anzeigt, wie viel Margin bereits in Trades aktiv ist.
- **Account Details:** Ihre Accountangaben können Sie unter dem Register »Account« oben rechts aufrufen. Dort finden Sie unter anderem Ihren Kontostand sowie den aktuellen Saldo Ihrer Geschäfte und wie viel Kapital Ihnen für weitere Trades noch zur Verfügung steht. Es wird Ihnen auch angezeigt, in welcher Währung Ihr Account geführt wird.

Die Plattform

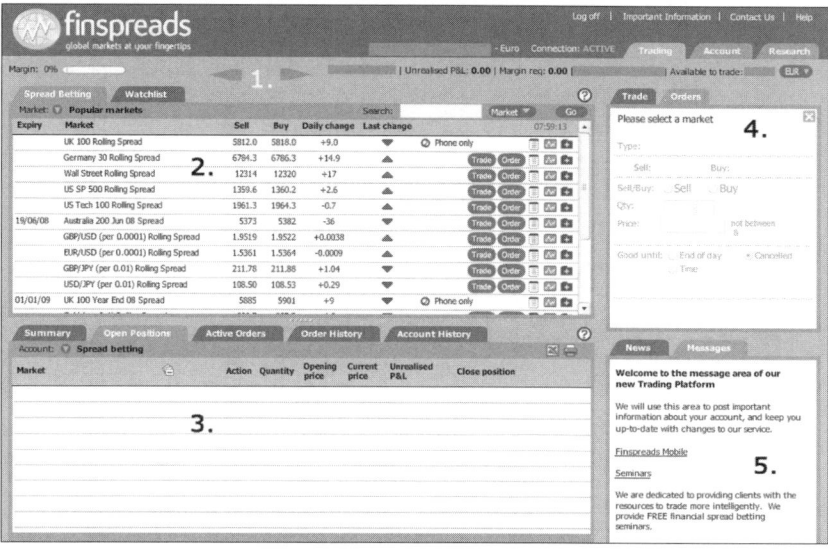

Punkt 2.

Hier finden Sie die handelbaren Werte. Sie können sich über »**Spread Betting**« alle Märkte anzeigen lassen, die Sie handeln möchten. Die Bedeutung der Zeichen neben den Werten wird an anderer Stelle im Buch erklärt.

Hinweis
Die Indizes heißen bei Finspreads etwas anders. Sie finden hier z. B den Dax unter der Bezeichnung Germany 30. Der Dow Jones läuft unter dem Begriff Wall Street und die Nasdaq unter US Tech 100, um nur ein paar Beispiele zu nennen. Die einzelnen Aktienwerte werden aber alle beim richtigen Namen genannt.

Kapitel 8

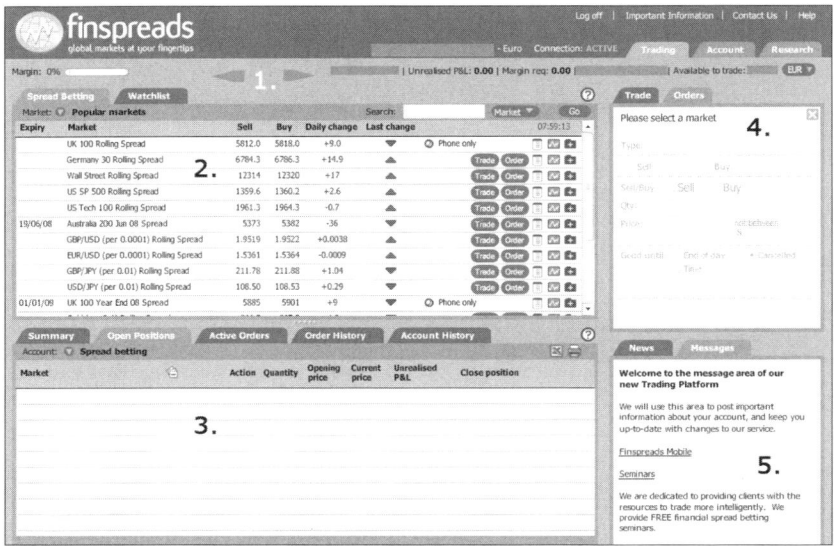

Punkt 3.

- **Summary**: Hier finden Sie eine Kurzübersicht über Ihren Kontostand sowie über Ihren momentanen laufenden Gewinn bzw. Verlust.
- **Open Positions**: Sie erhalten eine Auflistung Ihre gesamten aktiven Positionen, die gerade laufen.
- **Active Orders**: Es werden die Orders angezeigt, die den Kaufkurs noch nicht erreicht haben.
- **Order History**: Alle Ihre letzten ausgeführten Trades können Sie sich unter dieser Abfrage anzeigen lassen.
- **Account History**: Hier können Sie Ihre Ergebnisse der letzten Handel – ähnlich einem Kontoauszug – einsehen.

Punkt 4 und 5.

Sobald Sie unter Punkt 2 einen Wert aus der Spread-Betting-Liste ausgewählt haben, können Sie diesen unter Punkt 4 direkt eingeben.
Bei Punkt 5 finden Sie News und Mitteilungen von Finspreads.

Signalanalyse über Finspreads

Wie ich Ihnen mehrfach im Buch ans Herz gelegt habe, macht es Sinn, baldmöglichst die Signalanalyse über Finspreads durchzuführen. Nun werde ich Ihnen ganz genau erklären, wie das geht. In unserem Beispiel wollen wir eine Signalanalyse mit dem Germany 30 (Dax) durchführen.

Punkt 1.

Klicken Sie bitte als Erstes oben links auf »**Popular Markets**«, dann auf »**Indices**« und anschließend auf »**Europe**«.

Kapitel 8

Ihr Fenster sieht nun so aus:

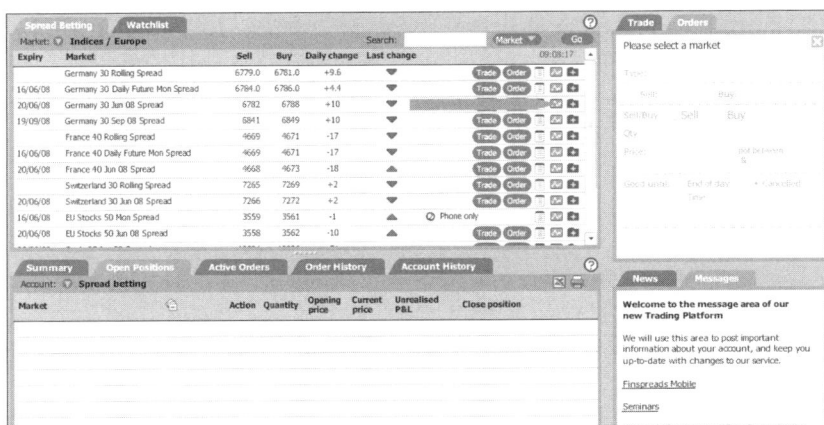

Wenn Sie jetzt das Chartsymbol aktivieren, das in der Abbildung mit dem grünen Pfeil markiert ist, erhalten Sie das folgende Bild.

Punkt 2.

Nun klicken Sie bitte auf »**Settings**«.

Die Plattform

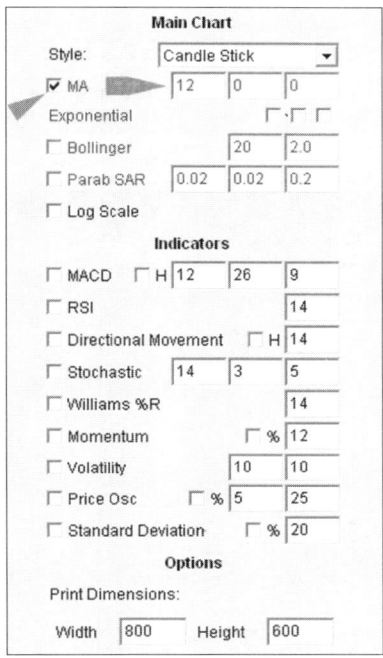

Nehmen Sie die Einstellungen so vor, wie sie oben zu sehen sind. Danach schließen Sie das Fenster einfach wieder.

Speichern Sie bitte Ihre Änderung und wählen Sie als Zeiteinheit statt »5 Minutes« jetzt »Daily«.

Kapitel 8

Hinweis
Die bisherigen Einstellungen müssen Sie nur einmal so erfassen, mit Ausnahme der Zeiteinheit. Die Umstellung auf »Daily« ist jedes Mal erneut erforderlich.

Dieser Chart wird Ihnen nun genauso angezeigt wie der der Bank Austria. Um das Tageshoch bzw. -tief der Aktie zu erfahren, markieren Sie bitte mit Ihrer Maus direkt den letzten Candlestick. Es öffnet sich links davon eine Anzeige, die das Tageshoch bzw. -tief angibt. Den Schlusskurs können Sie ganz rechts ablesen (orange hinterlegt). Um den Chart zu vergrößern oder zu verkleinern, klicken Sie bitte auf die Lupe.

So viel zu den Daten des Charts! Kommen wir nun zur Ordereingabe.

Die Plattform

Ordereingabe

Ich erkläre Ihnen anhand der Screenshots, wie Sie bei Finspreads eine Order eröffnen!

Schritt 1

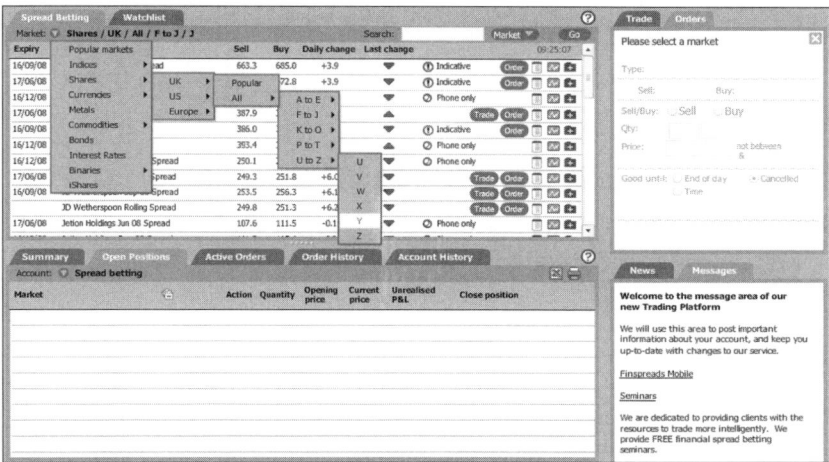

Als Beispiel wollen wir einen Handel in dem Wert **Yule Catto Sep** tätigen. Wir suchen zuerst den Wert in der Datenbank. Hierzu klicken wir auf »**Spread Betting**«, anschließend auf »**Shares**«, dann auf »**UK**« und »**All**« und zu guter Letzt auf das »**Y**«, da dies der Anfangsbuchstabe unseres Werts ist.

Kapitel 8

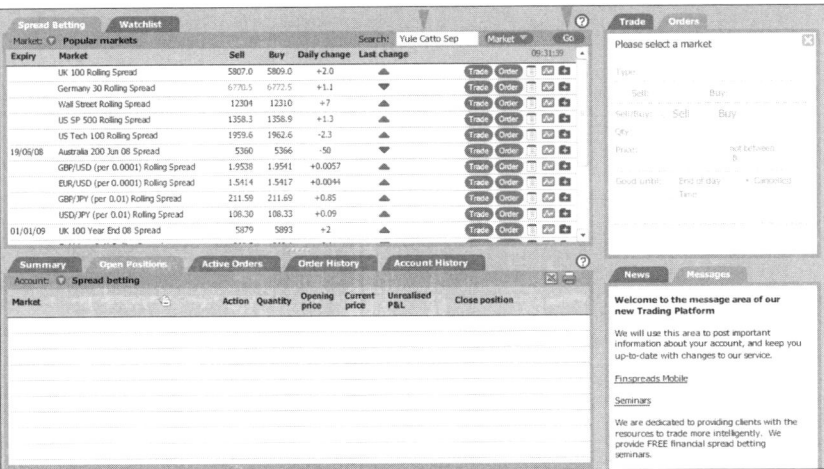

Alternativ können wir auch den Namen oben in die Suchmaske eingeben, so wie hier dargestellt.

Schritt 2

Nun klicken Sie bitte den Wert an oder gehen alternativ auf »**Order**«. Im Fenster rechts können wir unsere Order platzieren.

Die Plattform

Erklärung der verschiedenen Werte

Wir haben bei den meisten Aktien und Indizes verschiedene Laufzeiten, auf die sich die Trades beziehen und die durch einen Zusatz kenntlich gemacht werden. Bei unserem Wert **Yule Catto** gibt es zur Zeit der Bucherstellung folgende Laufzeiten:

Yule Catto Dec 08: bis Dezember
Yule Catto Jun 08: bis Juni
Yule Catto Sep 08: bis September

Die verschiedenen Zusätze geben den Zeitraum an, in dem die Werte gehandelt werden können.

Geschäfte in solchen laufzeitabhängigen Titeln sind immer nur bis zu einem angegebenen Verfallsdatum möglich. Den September-Wert können Sie z. B. nur bis zum 16. September handeln. Die genaue Laufzeit erfahren Sie, wenn Sie auf das Zeichen links neben dem Chartsymbol klicken.

Der Spread wird nur einmal pro Handel berechnet.

Zusätzlich wird bei vielen anderen Werten noch der »Rolling« angeboten.

Der Basiswert kann bei einem Rolling ohne zeitliche Begrenzung gehandelt werden. Der große Nachteil des Handels in diesen Werten ist, dass der Spread täglich neu abgebucht wird, sofern Sie die Order über mehrere Tage laufen lassen. Dafür sind der Spread und das Margin meist etwas niedriger als bei den laufzeitabhängigen Werten.

Für unsere Tradingmethode **verwenden wir ausschließlich die laufzeitabhängigen Werte**, die dem aktuellen Datum am nächsten liegen, da wir nie wissen, wie lange unser Trade laufen wird. Die Rollings sind nur für einen kurzfristigen Handel interessant, wie z. B. Handeln des 10-Minuten-Charts. Sollte der Wert aber zu nahe am aktuellen Datum liegen, weichen Sie bitte auf den nächsten Zeitraum aus.

Schritt 4

Nun können wir im Orderbereich unseren Trade platzieren. Wir möchten die Yule Catto auf fallend handeln, deshalb markieren wir als Erstes »**Sell**«. Anschließend geben wir den Betrag pro Punkt bei »**Qty**« sowie darunter bei »**Price**« unseren Kaufkurs ein.

- Bei »**Good until**« können Sie festlegen, wie lange Ihre Order in den Active Orders hinterlegt werden soll.

- Bei »**cancelled**« bleibt die Order solange hinterlegt, bis Sie diese manuell löschen. Diese Variante verwenden wir immer für unsere Trades!!!

- Bei »**End of day**« bleibt die Order solange hinterlegt, bis die Börse schließt, und wird dann gelöscht. Sie können die Order aber auch jederzeit manuell löschen.

- Bei »**Time**« können Sie eine Uhrzeit erfassen, zu der Ihre Order gelöscht werden soll.

Da wir immer »cancelled« in der Ordermaske angeben, ist es wichtig, dass Sie Orders, die über den Handelstag nicht aktiv wurden, manuell löschen.

Schritt 5

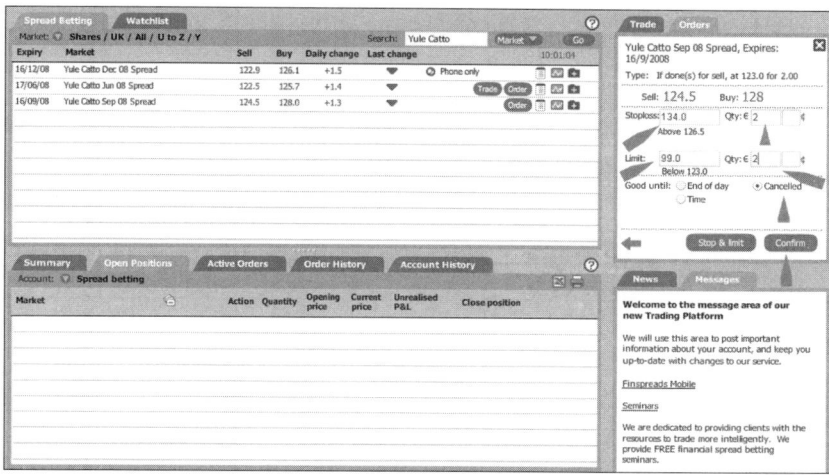

Nun geben wir noch den Kurs unserer Stop Loss Order sowie den Kurs unserer Limit Order ein und klicken anschließend auf »**Confirm**«. Bei »**Good until**« lassen wir »**cancelled**« markiert.

Schritt 6

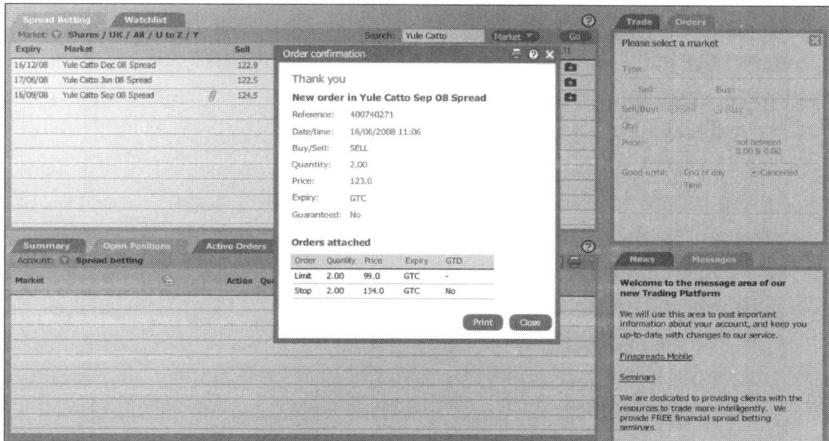

Die Order wurde ausgeführt. Wir können uns jetzt diese Position ausdrucken lassen oder das Fenster einfach schließen.

Kapitel 8

Im unteren Feld erscheint unter »**Active Orders**« die Yule-Catto-Order. Sobald unser Kaufkurs erreicht wird, wird diese in die »**Open Positions**« übernommen. Auf dem nächsten Screenshot ist die Position zu erkennen.

Sehen wir uns nun die einzelnen Parameter etwas genauer an.

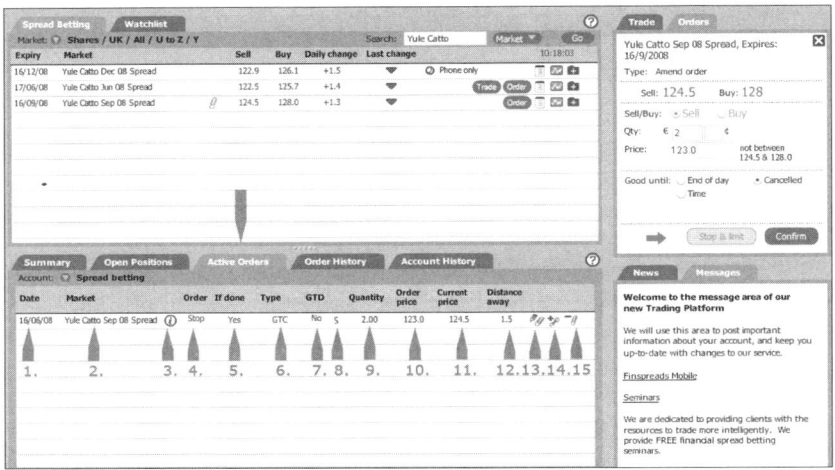

Im Feld »**Active Orders**« ist nun unsere Order aufgelistet. Sobald unser Kaufkurs erreicht wird, wird diese in die »**Open Positions**« übernommen. Jetzt müssen Sie natürlich auch noch erfahren, was die einzelnen Parameter bedeuten.

1. Unter »Date« wird Ihnen das Orderdatum angezeigt.
2. Hier sehen Sie den Namen der Aktie oder des Index, den Sie handeln.
3. Hier erscheint die Seriennummer, die jede Order erhält.
4. Hier ist die Art der Order hinterlegt. Da wir mit einer Order arbeiten, lassen wir uns in den Markt einstoppen.
5. »If done« bedeutet, dass wir mindestens eine zusätzliche Order hinterlegt haben, entweder ein Stopp oder ein Limit oder auch beides.
6. »GTC« steht für »Good until cancelled«.

7. »GTD« steht für »Guaranteed Order«. Wir nutzen sie jedoch für unseren Handel nicht, da diese zu weit vom aktuellen Kurs platziert werden müsste.
8. Das »S« steht für »Sell«, das »B« für »Buy«, je nachdem, ob Sie auf steigend oder fallend gesetzt haben.
9. Der Betrag, den Sie pro Punkt gesetzt haben, wird hier genannt.
10. »Order price« ist der Eröffnungskurs, zu dem die Order aktiviert werden soll.
11. Den aktuellen Kurs sehen Sie unter »Current price«.
12. Hier wird uns gezeigt, wie weit der Kurs noch von unserer Order entfernt liegt.
13. Mit einem Klick auf dieses Symbol können wir unsere Order jederzeit ändern.
14. An dieser Stelle können wir noch eine Order in die Gegenrichtung aufmachen. Mit diesem Ansatz beschäftigen wir uns erst in »Signalhandel 3«. Er ist daher noch bedeutungslos.
15. Hier können Sie Ihre Order löschen, sofern diese bis Handelsschluss nicht aktiv wurde.

Nun zeige ich Ihnen noch, wie Sie Ihren Trade manuell schließen, falls Sie einmal z. B. eine Fehleingabe getätigt haben und der Trade bereits läuft.

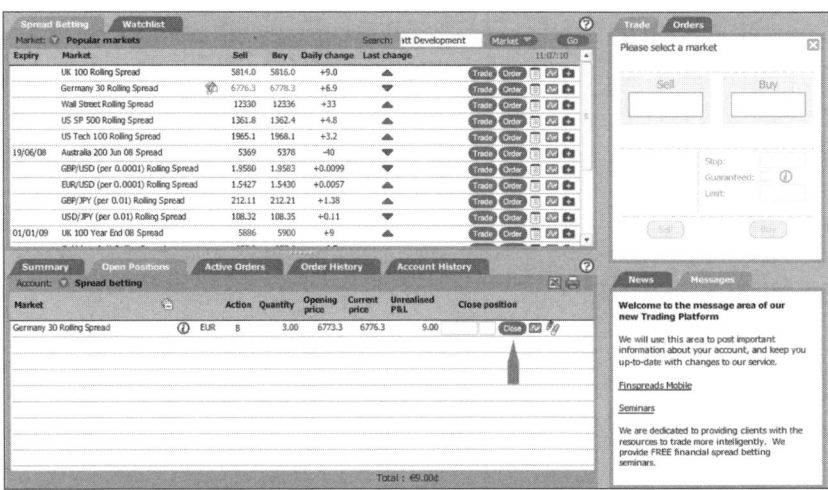

Gehen Sie bitte hierfür auf **»Open Positions«** und klicken Sie anschließend bei dem Wert, den Sie schließen möchten, auf **»Close«**.

Der Trade wurde nun abgerechnet und der Gewinn bzw. Verlust Ihrem Tradingkonto gutgeschrieben bzw. abgezogen.

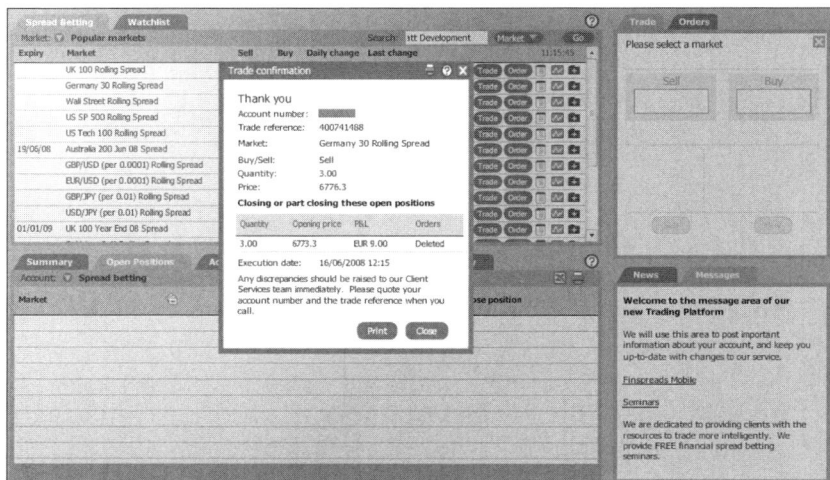

Wie Sie sehen können, ist die Handhabung der Plattform sehr bedienerfreundlich und mit etwas Übung wird der Umgang mit den verschiedenen Tools sehr leicht fallen.

| Bitte freimachen, falls Marke zur Hand |

Antwortkarte

FinanzBuch Verlag GmbH
Nymphenburger Straße 86
D-80636 München

Absender

....
Name, Vorname

....
Firma

....
Straße, Hausnummer

....
PLZ, Ort

....
Telefon

....
E-Mail

Diese Postkarte lag im Buch: _____

Ich bin auf das Buch aufmerksam geworden durch:

- Internet
- Buchhandel
- Presse
- Freunde/Bekannte/Familie
- Sonstiges _____

- Sie dürfen mich auch gerne telefonisch kontaktieren
- Ja, ich möchte den kostenlosen Newsletter zu Ihren Highlights, Specials und Sonderangeboten per E-Mail erhalten

Datum, Unterschrift

- Ich erkläre mich damit einverstanden, dass meine freiwilligen Angaben zusammen mit den für die Abwicklung des Geschäftsvorfalls erforderlichen Angaben vom FinanzBuch Verlag, seinen Dienstleistern sowie anderen ausgewählten Unternehmen für Marketingzwecke genutzt werden, um interne Marktforschung zu betreiben und um mich über interessante Angebote zu informieren. Sollte ich dies nicht mehr wünschen, kann ich das jederzeit schriftlich mitteilen.

Ihre Meinung ist uns wichtig!

Welche Themen interessieren Sie am meisten? Kreuzen Sie die folgenden Punkte an und senden Sie die Karte an uns zurück. **Als Dankeschön** für Ihre Antwort erhalten Sie **ein Buch** aus unserem Programm **geschenkt!*** Kreuzen Sie einfach Ihr Wunschbuch rechts in der Auswahl an.

Bitte informieren Sie mich regelmäßig über Neuigkeiten und Neuerscheinungen aus dem FinanzBuch Verlag.

Schicken Sie mir die gewünschten Infos bitte per ☐ Post ☐ E-Mail zu.

Ich interessiere mich für Ihre ☐ Bücher ☐ Seminare zu folgenden Themen:

☐ Trading ☐ Technische Analyse ☐ CFDs
☐ Investment ☐ Value Investments ☐ Zertifikate
☐ Finanzen ☐ Investment Fonds ☐ Biografien

Sonstiges: _____

FinanzBuch Verlag

Unser Gesamtprogramm und unsere regelmäßigen Aktionen finden Sie auch auf unserer Website unter

www.finanzbuchverlag.de

*solange der Vorrat reicht

Training

Sie sollten die Strategie erst einmal auf dem Papier testen, um sich damit vertraut zu machen. Die verschiedenen Möglichkeiten, dies zu tun, werde ich Ihnen kurz vorstellen.

Die erste Möglichkeit ist, dass Sie auf bereits zurückliegende Charts zugreifen und damit Ihr Signalverständnis trainieren können. Ich werde Ihnen hier die Möglichkeit anhand der Charts der Bank Austria zeigen.

Vorab benötigen wir aber ein Formular, mit dem wir die Analyse durchführen können. Wie dieses Formular ungefähr aussehen sollte, sehen Sie auf der nächsten Seite.

Training

Formular für Papiertrades

Datum	Wert	St/fa	Margin	Spread	Kaufkurs	Stoppkurs	Limit	Wertigkeit	Resultat
25.04.07	Dax	steigend	91	6	7.363	7.272	7.557	2 –	+188

In dieser Liste sind alle Daten aufgeführt, die für Ihren Handel relevant sind. Selbstverständlich können Sie auch noch andere Daten eintragen, wie z. B. den gesetzten Betrag pro Punkt oder die Haltedauer dieses Trades.

Kommen wir nun aber dazu, wie Sie frühere Signale analysieren können. Öffnen Sie bitte den Chartservice der Bank Austria, so wie in den ersten Kapiteln dieses Buches angegeben.

Suchen Sie sich einen Wert heraus, den Sie analysieren möchten. Ich nehme hier der Einfachheit halber den Dax. Scrollen Sie bitte mit dem Regler bis zum Anfang des Charts. Auf der folgenden Darstellung ist er mit einem Pfeil markiert.

Bewegen Sie den Cursor langsam vorwärts, bis Sie ein passendes Signal gefunden haben.

Training

Im Chart erkennen Sie beispielsweise am 01.06.2002 ein fallendes Signal, das wir gern auf dem Papier handeln möchten. Also tragen Sie es in der Liste ein.

Sollten Sie alle Kursdaten haben, bewegen Sie den Cursor weiter nach vorne, um zu sehen, wie sich das Signal verhalten hat, ob es beispielsweise aktiv wurde und ob unsere Stopp- oder Limit Order gegriffen hätte.

Diese Übung macht natürlich nur Sinn, wenn Sie das Ergebnis dieses Trades noch nicht kennen. Also bewegen Sie den Cursor bitte immer langsam nach vorne.

Anmerkung

Sie werden durch diese Übung schnell lernen, ein gutes Signal von einem schlechten zu unterscheiden und einen Trend auszumachen.

Die Übung können Sie mit jedem x-beliebigen Chart durchführen. Den Spread und das Margin können Sie bei dieser Übung getrost übergehen, da es hier nur um die Signalerkennung geht.

Die zweite Übung ist ähnlich. Allerdings greifen Sie nicht auf vergangene Daten zurück, sondern sehen sich den tagesaktuellen Chart an und suchen nach einem Signal. Überlegen Sie sich Ihren Trade, tragen Sie diesen dann ebenfalls in Ihre Liste ein und warten Sie die nächsten Tage ab, ob und in welche Richtung Sie ausgestoppt wurden. Sofern Sie ein Signal für den nächsten Handelstag gefunden haben, beachten Sie bitte unbedingt, ob dieses auch tatsächlich am Handelstag aktiv wurde – also den Kaufkurs erreicht hat – oder nicht.

Mit den Papiertrades sollten Sie solange fortfahren, bis Sie sich wirklich sicher fühlen und in der Lage sind, Ihr Wissen 1:1 auf den realen Trade zu übertragen. Nehmen Sie sich bitte hierfür alle Zeit der Welt, da es später nicht mehr um Ergebnisse auf dem Papier geht, sondern um Ihr Geld!

So, nun sind wir fast am Ende des Buchs angelangt. Ich habe Ihnen auf den folgenden Seiten noch einige allgemeine Infos und Tipps angefügt sowie einige Fragen beantwortet, die sich im Verlauf Ihres Handels vielleicht stellen werden.

Häufig gestellte Fragen

Frage: Kann ich diese Strategie auf normale Futures und Finanzprodukte anwenden?
Antwort: Natürlich, auch wenn dies nicht so lukrativ ist wie z. B. das Spread Betting. Dennoch ist es 1:1 übertragbar!

Frage: Mit welchen Kapitaleinsatz sollte mit dem Handel zu beginnen?
Antwort: Zu Beginn wäre ein Startkapital von ca. 1.000 Euro optimal. Es ist aber auch ein Handel mit niedrigerem Kapital möglich.

Frage: Gibt es die Möglichkeit, an einem Seminar teilzunehmen?
Antwort: Natürlich! Nähere Informationen erfahren Sie unter www.signalhandel.com

Frage: Kann man diese Art von Handel auch bei einem deutschen Unternehmen vornehmen?
Antwort: Leider ist das bisher meines Wissens nicht möglich. Durch das hiesige Wettverbot ist es zudem unwahrscheinlich, dass sich an der Situation zukünftig so schnell etwas ändert.

Frage: Gibt es die Möglichkeit, die Signale für den nächsten Handelstag auch direkt zu beziehen?
Antwort: Ja! Auf den Seiten von www.signalhandel.com werden sie angeboten.

Spread- und Margin-Liste

Auf den folgenden Seiten finden Sie alle Märkte und Einzelwerte, die Sie über Finspreads handeln können. Es wird der Spread (Kosten), das Margin (Sicherheitshinterlegung) sowie die Handelszeit und die ungefähre Größe des jeweiligen Werts angegeben.

Bitte beachten Sie, dass die Spread- und Margin-Liste im Juni 2008 entstand und daher nicht aktuell ist. Sie soll Ihnen nur als Richtwert für Ihre Papiertrades dienen bzw. einen Überblick über die Kosten und Sicherheitshinterlegungen liefern. Auch die Größe der verschiedenen Werte hat sich zwischen dem Zeitraum, als diese Liste entstand, und dem Zeitpunkt, zu dem Sie das Buch lesen, wieder verändert.

Für die Richtigkeit dieser Liste übernehme ich keinerlei Gewähr, da sie dem Leser nur als Anschauungsmaterial dienen soll!

Indizes

Wert	Spread	Margin	Handelszeit	ca. Größe
Wall Street Sep	8	400	24 hours/day	12.600
US Tech 100 Sep	4	50	24 hours/day	2.100
US SP 500 Sep	1	30	24 hours/day	1.400
UK 100 Aug	6	150	24 hours/day	6.100
Germany 30 Sep	8	200	24 hours/day	7.100
France 40 Jun	5	150	08:00–22:00	5.000
Switzerland 30 Jun	6	200	08:00–22:00	7.500
EU Stocks 50 Jun	4	150	08:00–22:00	3.800
Spain 35 Jun	12	200	09.01–17.34	13.600
Poland 20 Jun	4	75	08.00–15.10	2.900
Italy 40 Sep	18	1500	09.00–22.15	33.500
Japan 225 Jun	20	500	07.45–07.00	14.300
Hong Kong 40 Jun	60	750	09.45–23.00	24.500
India 50 Jul	8	150	12.25–22.55	4.800
Australia 200 Jun	4	70	24 hours/day	5.700

Rohstoffe

Wert	Spread	Margin	Handelszeit	ca. Größe
Gas Oil (per 25) Jun	200	50	01.00 – 23.00	119.000
Gas RBOB (per 0.0001) Jul	0,003	1000	18.00 – 17.15	3
Heating Oil Jul	40	500	18.00 – 17.15	36.850
UK Crude Oil Aug	6	270	01.00 – 23.00	12.850
US Crude Oil (per 0.01) Aug	0,006	270	18.00 – 17.15	128
Corn (per 0.25) Jul	2,5	80	18.00 – 13.15	600
Oats (per 0.25) Jul	2	100	18.00 – 13.15	380
Soyabean (per 0.25) Jul	2	100	18.00 – 13.15	1.350
Soyabean Meal (per 0.1) Jul	0,8	100	18.00 – 13.15	340
Soyabean Oil (per 0.01)	0,08	100	18.00 – 13.15	60
Wheat (per 0.25) Jul	3	100	18.00 – 13.15	750
Coffee C (per 0.1) Jul	0,8	100	02.30 – 15.15	130
Cotton No 2 (per 0.01) Jul	0,4	150	02.30 – 15.15	65
London No 7 Cocoa Jul	6	40	09.30 – 16.50	1.450
Lumber (per 0.1) Jul	4	300	09.00 – 13.05	250
Orange Juice (per 0.05) Jul	0,6	250	07.00 – 15.15	105
Robusta Coffee Jul	8	50	08.00 – 17.30	2.250
Sugar No. 11 (per 0.01) Jul	0,08	50	02.30 – 15.15	10
Sugar No. 5 (per 0.1) Aug	0,8	75	09.45 – 17.30	320
Feeder Cattle (per 0.01) Aug	0,4	350	17.00 – 16.00	115
Live Cattle (per 0.025) Aug	0,4	350	17.00 – 16.00	100
Pork Bellies (per 0.01) Jul	0,4	300	17.00 – 16.00	80

Spread- und Margin-Liste

Währungen

Wert	Spread	Margin	Handelszeit	ca. Größe
AUD/USD (per 0.0001) Jun	0,001	150	24 hours/day	1
CAD/USD (per 0.0001) Jun	0,001	150	24 hours/day	1
CHF/USD (per 0.0001) Jun	0.0008	150	24 hours/day	1
EUR/USD (per 0.0001) Jun	0.0008	200	24 hours/day	2
GBP/USD (per 0.0001) Jun	0.0008	250	24 hours/day	2
JPY/USD Jun	10	150	24 hours/day	9.500
NZD/USD (per 0.0001) Jun	0,0012	150	24 hours/day	1
US Dollar Index (per 0.01) Jun	0,18	100	20.00 – 18.00	73.00
USD/CAD (per 0.0001) Jun	0,0012	200	24 hours/day	1
USD/CHF (per 0.0001) Jun	0,0012	200	24 hours/day	1
USD/JPY (per 0.01) Jun	0,1000	200	24 hours/day	105.00
EUR/CHF (per 0.0001) Jun	0,0010	250	24 hours/day	2
EUR/GBP (per 0.0001) Jun	0,0010	250	24 hours/day	1
EUR/JPY (per 0.01) Jun	0,1000	200	24 hours/day	163
GBP/CHF (per 0.0001) Jun	0,0020	300	24 hours/day	2
GBP/JPY (per 0.01) Jun	0,2000	300	24 hours/day	208

Bonds

Wert	Spread	Margin	Handelszeit	ca. Größe
Euro Bobl (per 0.01) – Sep	0,03	100	08.00 – 22.00	106
Euro Bund (per 0.01) – Sep	0,03	100	08.00 – 22.00	112
Euro Schatz (per 0.01) – Sep	0	100	08.00 – 22.00	103
UK Long Gilt (per 0.01) – Sep	0,03	100	08.00 – 18.00	105
US T-Note 5yr (per 0.005) – Sep	0,03	64	17.30 – 16.00	109
US T-Note 10yr (per 0.005) – Sep	0,03	64	17.30 – 16.00	112
JGB 10yr (per 0.01) Sep	0	100	07.00 – 16.00	133
US T-Bond (per 0.01) Sep	0,03	64	17.30 – 16.00	113

Interest rates

Wert	Spread	Margin	Handelszeit	ca. Größe
Euro (Euribor) 3mth (per 0.01) – Sep	0,03	34	01.00 – 21.00	95
Eurodollar (per 0.01) – Sep	0,03	32	17.00 – 16.00	97
Short Sterling 3mth (per 0.01) Sep	0,03	20	07.30 – 18.00	94
Euro (Euribor) 3mth (per 0.01) – Sep	0,03	34	01.00 – 21.00	95
Eurodollar (per 0.01) – Sep	0,03	32	17.00 – 16.00	97
Short Sterling 3mth (per 0.01) Sep	0,03	20	07.30 – 18.00	94

Metals

Wert	Spread	Margin	Handelszeit	ca. Größe
Gold Future (per 0.1) – Aug	0,8	200	18.00 – 17.15	900
Palladium (Per 0.1) – Sep	4	400	18.00 – 17.15	440
Platinum (Per 0.1) – Jul	2,4	350	18.00 – 17.15	2.000
Silver (per 0.5) – Mar	3	100	18.00 – 17.15	1.700
Copper (per 0.05) Jul	0,4	500	18.00 – 17.15	360

Spread- und Margin-Liste

Europäischer Markt

Wert	Spread	Margin	Handelszeit	ca. Größe
AEM Sep	2	25	09.05 – 17.25	250
ABB (SEK) Sep	168	1960	09.00 – 17.20	19.600
ABN – Amro – Sep	46	360	09.00 – 17.25	3.600
AXA – Jun	15	460	09.00 – 17.25	2.300
Accor Sep	30	500	09:00 – 17:30	5.000
Aegon – Sep	6	194	09.05 – 17.25	970
Ahold Kon. – Sep	6	98	08.00 – 22.15	980
Air Liquide – Sep	59	960	09.00 – 17.25	9.600
Alitalia – Sep	3	10	09.05 – 17.25	50
Alleanza Ass – Jun	5	80	09.05 – 17.25	800
Atlantia – Sep	15	240	09.05 – 17.25	2.400
Autogrill – Sep	6	95	09.05 – 17.25	950
Autostrada To-Mi – Sep	10	120	09.05 – 17.25	1.200
Acanthe Development Sep	3	78	09.00 – 17.25	260
Acea Sep	12	270	09.05 – 17.25	1.350
ACS Construction Sep	24	390	09.00 – 17.20	3.900
Astroc Mediterraneo Jun	2	24	09.00 – 17.20	120
Akzo Noble NV Sep	35	1120	09.00 – 17.20	5.600

Wert	Spread	Margin	Handelszeit	ca. Größe
BNP Paribas – Sep	42	670	09.00 – 17.20	6.700
Banca Monte Paschi Siena – Sep	1	42	09.05 – 17.25	208
Banca Popolare – Sep	9	130	09.05 – 17.25	1.300
Banco Santander – Sep	9	134	09.00 – 17.30	1.340
Benetton Group – Sep	6	176	09.05 – 17.25	880
Beni Stabili – Sep	1	14	09.05 – 17.25	70
Bouygues – Sep	34	530	09.00 – 17.20	5.300
Bulgari – Sep	5	75	09.05 – 17.25	750
Banca Carige Sep	2	27	09.05 – 17.25	270
Banca Italease Sep	5	75	09.05 – 17.25	750
Banca Pop Milano Sep	5	72	09.05 – 17.25	720
Banco Desio Brianza Sep	10	136	09.00 – 17.30	680
Bank of Piraeus Sep	19	230	10.00 – 18.20	2.300
Barry Callebaut Sep	6	154	09.00 – 17.30	770
Buzzi Unicem Sep	13	380	09.05 – 17.25	1.900

Spread- und Margin-Liste

Wert	Spread	Margin	Handelszeit	ca. Größe
Campari – Sep	5	62	09.05 – 17.25	620
Cap Gemini – Sep	29	440	09.00 – 17.25	4.400
Carrefour – Sep	30	460	09:00 – 17:25	4.600
Cassa Risp Firenze – Sep	8	68	09.05 – 17.25	680
Cattolica Ass – Mar	50	320	09:00 – 17:30	3.200
Canargo Energy Corp Sep	2	51	09.00 – 17.30	170
Credito Emiliano – Mar	6	140	09.05 – 17.25	700
Compagnie Ind. Riunite Sep	1	18	09.00 – 17.30	180
Diasorin Sep	12	390	09:00 – 17:30	1.300
DNB Nor Sep	55	750	09:00 – 17:30	7.500
DNO Sep	7	200	09:00 – 17:30	1.000
Dexia – Sep	12	150	09:00 – 17:30	1.500
EADS – Sep	10	300	09.00 – 17.20	1.500
ENI – Sep	18	270	09.05 – 17.25	2.700
Edison – Sep	2	17	09.05 – 17.25	170
Enel – Sep	5	70	09.05 – 17.25	700
Espresso – Sep	2	20	09.05 – 17.25	200
EDF Sep	43	700	09.00 – 17.20	7.000
Electrolux Sep	78	880	09.00 – 17.20	8.800
Endesa Sep	28	495	09.00 – 17.20	3.300
Eniro Sep	31	350	09.00 – 17.20	3.500
ERG (ITL) Sep	12	150	09.05 – 17.25	1.500
Essilor Sep	27	410	09.05 – 20.30	4.100
Eurotunnel Groupe Sep	6	330	09.05 – 20.30	1.100
Eurotunnel Paris Sep	1	4	09.05 – 20.30	19
Eutelsat Comm Sep	14	200	09.05 – 20.30	2.000
Fabege Sep	57	530	09.00 – 17.20	5.300
Fast Seach And Transfer Sep	30	570	09.00 – 17.30	1.900
Fiat Sep	10	150	09.05 – 17.25	1.500
Finmeccanica Sep	13	200	09.05 – 17.25	2.000
Foreningssparbanken Sep	115	1500	09.00 – 17.20	15.000
Fortis Bank Sep	12	160	09.00 – 17.30	1.600
France Telecom Sep	13	400	09.00 – 17.25	2.000

Spread- und Margin-Liste

Wert	Spread	Margin	Handelszeit	ca. Größe
Generali Ass Sep	15	270	09.05 – 17.25	2.700
Geox Sep	6	80	09.05 – 17.25	800
Glencar Mining Sep	1	1	08.05 – 16.25	10
Golden Ocean Sep	29	960	09.05 – 17.25	3.200
Group Partouche Sep	14	300	09.05 – 17.25	1.000
Hagemeyer Sep	6	98	09.00 – 17.20	490
Hera Sep	2	27	09.05 – 17.25	270
Iberdrola Sep	7	92	09.00 – 17.20	920
Iberia Sep	2	21	09.00 – 17.20	210
Ifil Sep	4	110	09.05 – 17.25	550
Immobiliare Lombarda Sep	1	3	11.00 – 16.25	16
Immsi Sep	1	9	11.00 – 16.25	90
Indesit Sep	7	82	09.05 – 17.25	820
Inditex Sep	20	310	09.00 – 17.30	3.100
Infogrames Sep	13	120	09.00 – 17.30	1.200
ING Sep	16	240	09.00 – 17.30	2.400
Inmob Colonial Sep	1	35	09.00 – 17.30	70
Intesa Sanpaolo Sep	3	43	09.05 – 17.25	430
Investor Sep	116	1500	09.00 – 17.20	15.000
Italcementi Sep	9	260	09.05 – 17.25	1.300
Italmobilare Sep	68	640	09.00 – 17.30	6.400
Kerself Sep	7	500	09.00 – 17.30	1.000
Lagardere Sep	30	470	09.05 – 17.25	4.700
Line Data Sep	17	500	09.05 – 17.25	1.250
Lottomatica Sep	13	380	09.05 – 17.25	1.900
Luxottica Sep	19	180	09.05 – 17.25	1.800
LVMH Moet Sep	49	760	09.00 – 17.20	7.600
Lyxor ETF Russia Sep	70	660	09.00 – 17.25	4.400

Wert	Spread	Margin	Handelszeit	ca. Größe
Mediaset Sep	4	53	09.05 – 17.25	530
Mediobanca Sep	8	122	09.05 – 17.25	1.220
Mediolanum Sep	2	38	09.05 – 17.25	380
Milano Assicurazioni Sep	3	41	09.05 – 17.25	410
Mondadori Sep	3	96	09.05 – 17.25	480
Nexity Sep	20	526	09.00 – 17.20	2.630
Nordea Sep	49	990	09.00 – 17.20	9.900
Old Mutual (SEK) Sep	19	140	09.00 – 17.20	1.400
Pharming Group Sep	1	14	09.10 – 17.25	72
Pirelli And c Sep	1	5	09.05 – 17.25	54
Pirelli E C Real Sep	13	170	09.00 – 17.30	1.700
RCS Media Group Sep	2	20	09.05 – 17.25	200
Renault Sep	42	670	09.00 – 17.25	6.700
Rhodia Sep	10	150	11.00 – 16.25	1.500
Rodamco Sep	91	840	09.00 – 17.20	8.400
Sai Fondiaria Sep	16	250	09.05 – 17.25	2.500
Saipem Sep	19	300	09.05 – 17.25	3.000
Saras Sep	3	80	09.05 – 17.25	400
Schneider Electricity Sep	50	830	09.00 – 17.20	8.300
Seadrill Sep	150	1700	09.00 – 17.20	17.000
Seat Pag-Gialle Sep	0	1	09.00 – 17.20	10
Snai Sep	5	80	09.00 – 17.20	400
Snam Rete Gas Sep	3	44	09.05 – 17.25	440
Soc Gen Rights Jun	27	60	09.00 – 17.20	600
Societe Generale Sep	41	670	09.00 – 17.20	6.700
St Microelectronics Sep	6	85	09.05 – 17.25	850

Spread- und Margin-Liste

Wert	Spread	Margin	Handelszeit	ca. Größe
Tandberg Sep	66	1880	09.05 – 17.25	9.400
Telecom Italia Sep	1	14	09.05 – 17.25	145
Telecom Italia Media Sep	1	1	09.05 – 17.25	13
Telefonica Sep	22	380	09.05 – 17.25	1.900
Tenaris Sep	13	200	09.05 – 17.25	2.000
Terna Sep	2	29	09.05 – 17.25	290
TF1 Sep	10	130	09.05 – 17.25	1.300
Thomson Sep	3	40	09.00 – 17.25	400
Tiscali Sep	2	24	09.05 – 17.25	240
TNT Sep	17	260	09.10 – 17.25	2.600
Tods Sep	25	820	09.05 – 17.25	4.100
Tom Tom Sep	18	240	09.10 – 17.25	2.400

Wert	Spread	Margin	Handelszeit	ca. Größe
UCB SA Sep	18	260	09.00 – 17.20	2.600
Unicredito Sep	3	45	09.05 – 17.25	450
Unipol Sep	1	34	09.05 – 17.25	170

Wert	Spread	Margin	Handelszeit	ca. Größe
Valeo Sep	21	250	09.00 – 17.20	2.500
Veolia Environment (EUR) Sep	29	460	09.00 – 17.20	4.600
Vivendi Sep	17	280	09.00 – 17.25	2.800

Wert	Spread	Margin	Handelszeit	ca. Größe
Wolters Kluwer Sep	12	180	09.00 – 17.25	1.800

UK-Markt

Wert	Spread	Margin	Handelszeit	ca. Größe
ABB (EUR) Sep	22	680	08.00 – 16.20	3400
Abbott Group Sep	5	40	08.00 – 16.30	400
Aberdeen Asset Sep	2	14	08.00 – 16.30	140
Aberforth Sep	6	90	08.00 – 16.30	600
Acambis Sep	2	24	08.00 – 16.30	120
Accsys Tech Sep	3	54	08.00 – 16.30	270
Adecco Sep	41	1200	08.00 – 16.20	6000
Admiral Sep	8	135	08.00 – 16.30	900
Aegis Group Sep	1	13	08.00 – 16.30	130
Aer Lingus (EUR) Sep	2	34	08.00 – 16.30	170
Aerospace Sep	10	330	08.00 – 16.30	3300
Afren Sep	2	42	08.00 – 16.30	170
Aga Foodserve Sep	2	29	08.00 – 16.30	290
Aggreko Sep	5	124	08.00 – 16.30	620
Alba Sep	2	6	08.00 – 16.30	65
Alexon Group Sep	2	7	08.00 – 16.30	70
Alizyme Sep	1	6	08.00 – 16.30	25
Alliance Leicester Sep	3	86	08.00 – 16.30	430
Alliance Trust Sep	3	51	08.00 – 16.30	340
Allied Irish Banks Sep	20	260	08.00 – 16.30	1300
Alphameric Sep	1	4	08.00 – 16.30	19
Alterian Plc Sep	3	28	08.00 – 16.30	140
Ambrian Capital Sep	2	12	08.00 – 16.30	40
Amec Sep	7	170	08.00 – 16.30	850
Amino Tech Sep	4	18	08.00 – 16.30	60
Amlin Sep	3	45	08.00 – 16.30	300
Anglo American Sep	16	340	08.00 – 16.30	3400
Anglo Irish Bank Sep	18	126	08.00 – 16.30	840
Anite Sep	2	9	08.00 – 16.30	44
Antisoma Sep	1	7	08.00 – 16.30	22
Antofagasta Sep	5	70	08.00 – 16.30	700
Appian Tech Sep	1	3	08.00 – 16.30	6
Aquarius Platinum Sep	7	176	08.00 – 16.30	840
Arena Lesiure Sep	1	8	08.00 – 16.30	40

Spread- und Margin-Liste

Wert	Spread	Margin	Handelszeit	ca. Größe
Aricom Sep	1	81	08.00 – 16.30	90
Ark Therapeutics Sep	1	18	08.00 – 16.30	90
Arm Holdings Sep	1	10	08.00 – 16.30	100
Armorgroup International Sep	1	40	08.00 – 16.30	80
Arriva Sep	6	65	08.00 – 16.30	650
Ashmore Sep	3	40	08.00 – 16.30	270
Ashtead Group Sep	1	8	08.00 – 16.30	76
Asos Sep	5	99	08.00 – 16.30	330
Assetco Sep	8	80	08.00 – 16.30	200
Assoc Br Foods Sep	7	88	08.00 – 16.30	880
Asterand Sep	1	2	08.00 – 16.30	7
Astrazeneca (GBP) Sep	17	220	08.00 – 16.30	2.200
Atkins Sep	12	200	08.00 – 16.30	1.000
Aurelian Oil And Gas Sep	1	5	08.00 – 16.30	45
Autonomy Sep	8	180	08.00 – 16.30	900
Aveva Sep	15	375	08.00 – 16.30	1.500
Avis Europe Sep	1	3	08.00 – 16.30	25
Aviva Plc Sep	5	65	08.00 – 16.30	650
Avocet Mining Sep	3	38	08.00 – 16.30	190
Avon Rubber Sep	6	30	08.00 – 16.30	100
Axis-Shield Plc Sep	8	66	08.00 – 16.30	330
Axon Sep	7	14	08.00 – 16.30	470
Babcock Sep	5	126	08.00 – 16.30	630
BAE Systems Sep	4	46	08.00 – 16.30	460
Balfour Beatty Sep	4	44	08.00 – 16.30	440
Bank Of Ireland Sep	11	80	08.00 – 16.30	800
Bankers Inv Trust Sep	4	65	08.00 – 16.30	430
Barclays Sep	3	37	08.00 – 16.30	370
Barratt Development Sep	2	19	08.00 – 16.30	190
BATM Advanced Sep	1	9	08.00 – 16.30	47
BBA Group Sep	2	15	08.00 – 16.30	150
Beazley Group Sep	1	42	08.00 – 16.30	140
Bellway Sep	6	64	08.00 – 16.30	640
Benfield Group Sep	3	39	08.00 – 16.30	260
Berkeley Group Sep	11	83	08.00 – 16.30	830

Spread- und Margin-Liste

Wert	Spread	Margin	Handelszeit	ca. Größe
Beverages Sep	12	690	08.00 – 16.30	6.900
BG Group Sep	10	130	08.00 – 16.30	1.300
Biffa Sep	3	36	08.00 – 16.30	360
Big Yellow Group Sep	3	66	08.00 – 16.30	330
Billiton (GBP) Sep	16	190	08.00 – 16.30	1.900
Biocompatibles Sep	4	54	08.00 – 16.30	180
ML World Mining Sep	6	150	08.00 – 16.30	750
Blacks Leisure Sep	6	48	08.00 – 16.30	160
Bloomsbury Sep	3	28	08.00 – 16.30	140
BlueBay Asset Management Sep	4	68	08.00 – 16.30	340
Bodisen Biotech Sep	5	14	08.00 – 16.30	35
Bodycote Intl Sep	2	46	08.00 – 16.30	230
Bovis Homes Sep	5	84	08.00 – 16.30	420
BP Amoco Sep	5	61	08.00 – 16.30	610
Bradford Bingley Sep	1	18	08.00 – 16.30	90
Brewin Dolphin Sep	3	39	08.00 – 16.30	130
Brit Am Tobacco Sep	12	190	08.00 – 16.30	1.900
British Airways Sep	2	24	08.00 – 16.30	240
British Assets Trust Sep	1	20	08.00 – 16.30	130
British Empire Sec Ge Sep	6	74	08.00 – 16.30	490
British Energy Sep	6	74	08.00 – 16.30	740
British Insurance Sep	2	33	08.00 – 16.30	220
British Land Sep	7	81	08.00 – 16.30	810
British Polythene Ind Sep	7	69	08.00 – 16.30	230
Britvic Sep	3	64	08.00 – 16.30	320
Brixton Estate Sep	3	40	08.00 – 16.30	270
Brown (N) Group Sep	2	44	08.00 – 16.30	220
BSS Group Sep	4	111	08.00 – 16.30	370
BT Group Sep	2	22	08.00 – 16.30	220
BTG Plc Sep	2	24	08.00 – 16.30	120
Bunzl Sep	6	144	08.00 – 16.30	720
Burberry Group Sep	4	50	08.00 – 16.30	500
Burren Energy Jun	12	188	08.00 – 16.30	1.250

Spread- und Margin-Liste

Wert	Spread	Margin	Handelszeit	ca. Größe
Cable Wireless Sep	1	16	08.00 – 16.30	160
Cadbury Sep	5	70	08.00 – 16.30	700
Cairn Energy Sep	27	350	08.00 – 16.30	3.500
Caledonia Investments Sep	18	300	08.00 – 16.30	2.000
Capita Group Sep	5	70	08.00 – 16.30	700
Capital And Regional Sep	3	45	08.00 – 16.30	300
Care U.K. Sep	14	92	08.00 – 16.30	460
Carillion Sep	3	70	08.00 – 16.30	350
Carnival (GBP) Sep	12	190	08.00 – 16.30	1.900
Carpetright Sep	7	78	08.00 – 16.30	780
Carphone Warehouse Sep	2	24	08.00 – 16.30	240
Catlin Group Sep	3	60	08.00 – 16.30	400
Cattles Sep	2	28	08.00 – 16.30	190
Cattles Rights Sep	1	6	08.00 – 16.30	55
Celsis International Sep	6	30	08.00 – 16.30	150
Celtic Resources Jun	13	45	08.00 – 16.30	300
Centamin Sep	2	14	08.00 – 16.30	68
Central African Mining Jun	1	17	08.00 – 16.30	57
Centrica Sep	2	30	08.00 – 16.30	300
Character Group Sep	3	32	08.00 – 16.30	130
Charles Stanley Sep	8	66	08.00 – 16.30	220
Charter Plc Sep	9	186	08.00 – 16.30	930
Chaucer Holdings Sep	1	176	08.00 – 16.30	88
Chemicals Sep	12	560	08.00 – 16.30	5.600
Chemring Group Sep	19	750	08.00 – 16.30	2.500
Chime Comms Sep	7	32	08.00 – 16.30	130
Chloride Group Sep	3	84	08.00 – 16.30	280
City Of London Sep	2	40	08.00 – 16.30	270
Clarkson Sep	37	250	08.00 – 16.30	1.000
Clinton Cards Sep	1	10	08.00 – 16.30	50
Close Brothers Sep	7	90	08.00 – 16.30	600
Cobham Sep	2	42	08.00 – 16.30	210
Cobra Bio Manufacturing Sep	3	3	08.00 – 16.30	10
Collins Stewart Sep	2	14	08.00 – 16.30	90
Colt Telecom Sep	2	54	08.00 – 16.30	180
Communisis Sep	2	21	08.00 – 16.30	70

Spread- und Margin-Liste

Wert	Spread	Margin	Handelszeit	ca. Größe
Compass Group Sep	3	38	08.00 – 16.30	380
Computacenter Sep	3	34	08.00 – 16.30	170
Connaught Sep	5	129	08.00 – 16.30	430
Construction and Building Sep.	12	460	08.00 – 16.30	4.600
Cookson Sep	7	150	08.00 – 16.30	750
Corin Group Sep	2	125	08.00 – 16.30	250
Costain Sep	1	8	08.00 – 16.30	27
Crawshaw Group Sep	7	10	08.00 – 16.30	35
Credit Suisse Sep	37	530	08.00 – 16.20	5.300
Croda Intl Sep	8	67	08.00 – 16.30	670
Crosby Capital Sep	1	2	08.00 – 16.30	10
Cryo-Save Sep	7	84	08.00 – 16.30	210
CSR (GBP) Sep	4	64	08.00 – 16.30	320
Cyan Holdings Sep	1	4	08.00 – 16.30	5
Daejan Holdings Sep	78	840	08.00 – 16.30	2.800
Daily Mail Trust a Sep	3	41	08.00 – 16.30	410
Dairy Crest Sep	4	40	08.00 – 16.30	400
Dana Petroleum Sep	24	380	08.00 – 16.30	1.900
Davis Service Group Sep	5	100	08.00 – 16.30	500
Dawnay Day Sir Sep	1	13	08.00 – 16.30	67
Dawnay Day Treveria PLC Sep	1	16	08.00 – 16.30	55
De La Rue Sep	1	96	08.00 – 16.30	960
Debenhams Plc Sep	1	6	08.00 – 16.30	64
Dechra Pharm Sep	7	235	08.00 – 16.30	470
Delta Plc Sep	4	37	08.00 – 16.30	125
Deltex Sep	2	10	08.00 – 16.30	20
Derwent London Sep	12	180	08.00 – 16.30	1.200
Desire Petroleum Sep	2	21	08.00 – 16.30	105
Devro Sep	1	16	08.00 – 16.30	80
Dexion Absolute Sep	1	16	08.00 – 16.30	160
Diageo Sep	7	98	08.00 – 16.30	980
Dignity Sep	6	22	08.00 – 16.30	740
Dimension Data Sep	1	10	08.00 – 16.30	53
Diploma Sep	2	42	08.00 – 16.30	170
Domino Printing Sep	5	102	08.00 – 16.30	340

Spread- und Margin-Liste

Wert	Spread	Margin	Handelszeit	ca. Größe
Dominos Pizza Sep	3	42	08.00 – 16.30	210
Dragon Oil Sep	8	104	08.00 – 16.30	520
Drax Sep	6	69	08.00 – 16.30	690
DSG International Sep	1	6	08.00 – 16.30	56

Wert	Spread	Margin	Handelszeit	ca. Größe
Eaga Sep	1	21	08.00 – 16.30	104
Easyjet Sep	3	30	08.00 – 16.30	300
Eckoh Tech Sep	1	3	08.00 – 16.30	5
Edinburgh Inv. Trust Sep	3	64	08.00 – 16.30	430
Elan Corp (GBP) Sep	35	170	08.00 – 16.30	1.700
Elec Data Jun	3	4	08.00 – 16.30	60
Electra Investment Trust Sep	20	255	08.00 – 16.30	1.700
Electricity Sep	12	830	08.00 – 16.30	8.300
Electrocomponent Sep	1	17	08.00 – 16.30	165
Elementis Sep	1	15	08.00 – 16.30	74
Emap Jun	4	48	08.00 – 16.30	480
Emblaze Systems Sep	1	15	08.00 – 16.30	50
Enodis Jun	3	62	08.00 – 16.30	310
Enterprise Inns Sep	4	47	08.00 – 16.30	470
Equity Invest Inst Companies Sep	12	620	08.00 – 16.30	6.200
Eurasian Natural Resources Sep	15	300	08.00 – 16.30	1.500
Euromoney Inst Inv Sep	10	57	08.00 – 16.30	380
European Nickel Jun	1	12	08.00 – 16.30	39
Evolution Group Sep	1	21	08.00 – 16.30	105
Experian Group Jun	3	21	08.00 – 16.30	105
Expro Intl Sep	14	320	08.00 – 16.30	1.600

Wert	Spread	Margin	Handelszeit	ca. Größe
Falkland Oil And Gas Sep	4	45	08.00 – 16.30	150
Fenner Plc Sep	3	84	08.00 – 16.30	260
Ferrexpo Sep	3	80	08.00 – 16.30	400
Fid.Japanese Sep	1	30	08.00 – 16.30	60
Fidelity Euro Values Sep	11	210	08.00 – 16.30	1.400
Filtrona Sep	2	32	08.00 – 16.30	160
Filtronic Sep	2	23	08.00 – 16.30	76
Findel Sep	3	42	08.00 – 16.30	213
First Calgary Sep	11	15	08.00 – 16.30	150

Wert	Spread	Margin	Handelszeit	ca. Größe
Firstgroup Sep	6	53	08.00 – 16.30	530
FKI Sep	1	8	08.00 – 16.30	84
Food and Drink Group Sep	3	18	08.00 – 16.30	25
Food and Drug Ret Sep	12	490	08.00 – 16.30	4.900
Food Producers Sep	12	450	08.00 – 16.30	4.500
Foreign Col Inv Tst Sep	3	45	08.00 – 16.30	300
Forth Ports Sep	26	420	08.00 – 16.30	2.100
Fortune Oil Sep	1	3	08.00 – 16.30	11
French Connection Sep	2	9	08.00 – 16.30	90
Fresnillo Sep	8	82	08.00 – 16.30	550
Friends Provident Sep	1	19	08.00 – 16.30	125
Futuragene Sep	5	6	08.00 – 16.30	12
Future Network Sep	2	6	08.00 – 16.30	28
Fyffes Plc Sep	2	7	08.00 – 16.30	65
Galiform Sep	1	12	08.00 – 16.30	60
Galliford Try Sep	1	9	08.00 – 16.30	45
Game Group Sep	2	58	08.00 – 16.30	290
GCAP Media Sep	2	22	08.00 – 16.30	224
Genus Plc Sep	12	180	08.00 – 16.30	900
GKN Sep	2	29	08.00 – 16.30	290
Glaxosmithkline Sep	3	110	08.00 – 16.30	1.100
Go Ahead Sep	12	320	08.00 – 16.30	1.600
Goodwin Sep	40	780	08.00 – 16.30	1.300
Goshawk Ins Sep	1	1	08.00 – 16.30	4
Grafton Group UN (UK) Sep	8	49	08.00 – 16.30	490
Grainger Trust Sep	2	42	08.00 – 16.30	280
Great Portland Estates Sep	3	59	08.00 – 16.30	390
Greene King Sep	3	53	08.00 – 16.30	530
Greggs Plc Sep	49	1.230	08.00 – 16.30	4.100
Gresham Computing Sep	5	12	08.00 – 16.30	60
Group 4 Securicor Sep	2	23	08.00 – 16.30	230
GW Pharmaceuticals Sep	1	15	08.00 – 16.30	50
Gyrus Group Jun	5	130	08.00 – 16.30	650

Spread- und Margin-Liste

Wert	Spread	Margin	Handelszeit	ca. Größe
Halfords Group Jun	3	28	08.00 – 16.30	280
Halma Plc Sep	2	21	08.00 – 16.30	210
Hammerson Plc Sep	8	140	08.00 – 16.30	930
Hampson Industries Sep	3	80	08.00 – 16.30	160
Hargreaves Sep	2	27	08.00 – 16.30	180
Harvey Nash Sep	2	12	08.00 – 16.30	40
Hays Group Sep	1	10	08.00 – 16.30	100
HBOS Sep	3	80	08.00 – 16.30	400
Headlam Sep	3	57	08.00 – 16.30	380
Helphire Gp. Sep	2	38	08.00 – 16.30	190
Henderson (GBP) Sep	1	20	08.00 – 16.30	130
Henderson Small Co Sep	4	78	08.00 – 16.30	260
Herald Inv.Tst Sep	11	64	08.00 – 16.30	320
Heritage Oil Sep	3	75	08.00 – 16.30	300
Heywood Williams Sep	1	6	08.00 – 16.30	19
Highway Insurance Sep	2	10	08.00 – 16.30	50
Hikma Pharma Sep	6	100	08.00 – 16.30	500
Hills And Smith Holdings Sep	7	111	08.00 – 16.30	370
Hiscox Sep	2	36	08.00 – 16.30	240
HMV Sep	1	14	08.00 – 16.30	140
Hochschild Sep	4	84	08.00 – 16.30	420
Holiday Break Sep	7	153	08.00 – 16.30	510
Home Retail Jun	2	24	08.00 – 16.30	240
Homeserve Sep	14	380	08.00 – 16.30	1.900
Household Goods Sep	12	620	08.00 – 16.30	6.200
HSBC (GBP) Sep	6	86	08.00 – 16.30	860
Hunting Plc Sep	6	180	08.00 – 16.30	900

Spread- und Margin-Liste

Wert	Spread	Margin	Handelszeit	ca. Größe
ICAP Sep	6	61	08.00 – 16.30	610
IG Group Holdings Plc Sep	3	57	08.00 – 16.30	380
Imagination Sep	1	21	08.00 – 16.30	72
IMI Plc Sep	5	104	08.00 – 16.30	520
Imperial Energy Sep	13	250	08.00 – 16.30	1.000
Imperial Tob Rights Sep	4	80	08.00 – 16.30	530
Imperial Tobacco Sep	15	200	08.00 – 16.30	2.000
Inchcape Sep	4	44	08.00 – 16.30	440
Independent News Sep	4	23	08.00 – 16.30	230
Indus Engineering Sep	12	390	08.00 – 16.30	3.900
Indus Transport Sep	9	290	08.00 – 16.30	2.900
Informa Group Sep	3	59	08.00 – 16.30	390
Inmarsat Sep	4	48	08.00 – 16.30	480
Innovation Group Sep	1	6	08.00 – 16.30	20
Instore PLC Sep	1	1	08.00 – 16.30	5
Intec Telecom Sep	1	14	08.00 – 16.30	48
Intercontinental Hotels Sep	7	85	08.00 – 16.30	850
Intermediate Cap. Mkt Sep	12	240	08.00 – 16.30	1.600
International Biotech Sep	3	48	08.00 – 16.30	120
International Power Sep	3	45	08.00 – 16.30	450
Interserve Sep	4	98	08.00 – 16.30	490
Intertek Sep	9	200	08.00 – 16.30	1.000
Intl Pers Fin Sep	3	52	08.00 – 16.30	260
Invensys Sep	3	32	08.00 – 16.30	320
Investec Sep	4	51	08.00 – 16.30	340
IQE Sep	1	5	08.00 – 16.30	17
Irish Life And Per Sep	13	220	08.00 – 16.30	1.100
iShare FTSE 100 Fund Sep	5	93	08.00 – 16.30	620
iShare FTSE 250 Fund Sep	10	100	08.00 – 16.30	1.000
iShare S P 500 Sep	6	72	08.00 – 16.30	720
Ishare UK 100/Xinhua China 25 Jun	61	1110	08.00 – 16.30	7.400
iShares MSCI Brazil Fund Sep	41	585	08.00 – 16.30	3.900
iShares Turkey Sep	37	450	08.00 – 16.30	1.800
ITE Group Sep	2	54	08.00 – 16.30	180
ITM Power Sep	1	12	08.00 – 16.30	40
ITV Sep	1	6	08.00 – 16.30	60

Spread- und Margin-Liste

Wert	Spread	Margin	Handelszeit	ca. Größe
James Fisher Sep	17	204	08.00 – 16.30	680
Jardine Sep	4	57	08.00 – 16.30	380
JD Wetherspoon Sep	3	29	08.00 – 16.30	290
Jetion Holdings Sep	2	32	08.00 – 16.30	126
JJB Sports Sep	2	11	08.00 – 16.30	105
JKX Oil Gas Sep	7	100	08.00 – 16.30	500
John David Sport Sep	9	111	08.00 – 16.30	370
Johnson Matthey Sep	15	200	08.00 – 16.30	2.000
Johnson Service Sep	2	8	08.00 – 16.30	28
Johnston Press Sep	2	12	08.00 – 16.30	115
JP Morgan Em. Markets Sep	8	100	08.00 – 16.30	500
JP Morgan Eur Inv Trust Sep	2	48	08.00 – 16.30	240
JPMF Indian Jun	3	111	08.00 – 16.30	370
Kazakhmys Sep	14	170	08.00 – 16.30	1.700
Kelda Group Sep	14	110	08.00 – 16.30	1.100
Keller GRP Sep	7	134	08.00 – 16.30	670
Kenmare Resources Sep	1	16	08.00 – 16.30	53
Kesa Electrics Sep	2	19	08.00 – 16.30	190
Kier Group Sep	14	220	08.00 – 16.30	1.100
Kingfisher Sep	1	14	08.00 – 16.30	138
Kingspan Group Sep	13	138	08.00 – 16.30	690
Kingston Comm Sep	1	9	08.00 – 16.30	43
Kopane Diamonds Sep	1	4	08.00 – 16.30	10
Kubera Sep	3	26	08.00 – 16.30	102

Spread- und Margin-Liste

Wert	Spread	Margin	Handelszeit	ca. Größe
Ladbrokes Sep	3	31	08.00 – 16.30	310
Laird Group Jun	4	75	08.00 – 16.30	500
Land Securities Sep	11	140	08.00 – 16.30	1.400
Laura Ashley Sep	2	8	08.00 – 16.30	25
Leeds Petroleum Sep	2	5	08.00 – 16.30	45
Legal General Sep	1	18	08.00 – 16.30	118
Liberty Intl Sep	4	132	08.00 – 16.30	880
Lidco Group Sep	1	4	08.00 – 16.30	13
Life Insurance Sep	12	500	08.00 – 16.30	5.000
Lloyds TSB Sep	3	37	08.00 – 16.30	370
Logicacmg Sep	1	12	08.00 – 16.30	122
London Scottish Bank Sep	1	2	08.00 – 16.30	12
London Stock Ex Sep	9	99	08.00 – 16.30	990
Lonmin Sep	15	340	08.00 – 16.30	3.400
Lonrho Africa Sep	1	7	08.00 – 16.30	29
Luminar Sep	5	31	08.00 – 16.30	310
Lupus Capital Sep	2	18	08.00 – 16.30	61
Man Group Plc Sep	5	95	08.00 – 16.30	630
Management Cons Sep	1	10	08.00 – 16.30	34
Manganese Bronze Sep	12	104	08.00 – 16.30	520
Mapley Sep	36	195	08.00 – 16.30	1.300
Marchpole Sep	1	9	08.00 – 16.30	17
Marks Spencer Sep	3	38	08.00 – 16.30	380
Marshalls Plc Sep	2	38	08.00 – 16.30	190
Marstons Sep	2	22	08.00 – 16.30	220
McBride Sep	3	19	08.00 – 16.30	97
Medical Marketing Group Sep	1	5	08.00 – 16.30	17
Medical Solution Sep	1	2	08.00 – 16.30	7
Meggitt Plc Sep	2	50	08.00 – 16.30	250
Meldex Intl Sep	1	11	08.00 – 16.30	43
JP Morgan Fleming Merc Sep	10	141	08.00 – 16.30	940
Mercator Sep	2	25	08.00 – 16.30	62
Merchant Trust Sep	5	63	08.00 – 16.30	420
Michael Page Sep	3	28	08.00 – 16.30	280
Millenium Cop Hotels Sep	3	38	08.00 – 16.30	380

Spread- und Margin-Liste

Wert	Spread	Margin	Handelszeit	ca. Größe
Minerva Sep	1	15	08.00 – 16.30	100
Minor Planet Systems Sep	2	25	08.00 – 16.30	33
Misys Sep	1	16	08.00 – 16.30	160
Mitchells Butler Sep	3	32	08.00 – 16.30	320
Mitie Group Sep	2	23	08.00 – 16.30	230
Mondi Plc Sep	3	90	08.00 – 16.30	360
Moneysupermarket.com Gp Sep	2	21	08.00 – 16.30	140
Monks Inv Tst Sep	4	54	08.00 – 16.30	360
Monterrico Metal Sep	8	100	08.00 – 16.30	200
Morgan Crucible Sep	2	42	08.00 – 16.30	210
Morgan Sindall Sep	9	176	08.00 – 16.30	880
Morrison Supermkts Sep	2	30	08.00 – 16.30	300
Morse Sep	2	15	08.00 – 16.30	50
Moss Bros Sep	1	8	08.00 – 16.30	40
Mouchel Sep	4	92	08.00 – 16.30	460
Murray Trust Sep	11	122	08.00 – 16.30	610
Marylebone Sep	6	42	08.00 – 16.30	140
National Express Sep	7	92	08.00 – 16.30	920
National Grid Transco Sep	6	73	08.00 – 16.30	730
Ncipher Sep	10	34	08.00 – 16.30	170
Nestor Healthcare Sep	1	5	08.00 – 16.30	48
Neteller Sep	1	2	08.00 – 16.30	65
New Brit Palm Oil Sep	10	32	08.00 – 16.30	610
Newport Network Sep	1	2	08.00 – 16.30	3
Next Sep	10	110	08.00 – 16.30	1.100
Nighthawk Sep	2	40	08.00 – 16.30	100
Non – Life Insurance Sep	4	120	08.00 – 16.30	1.200
Northern Foods Sep	1	7	08.00 – 16.30	74
Northern Rock Sep	1	23	08.00 – 16.30	93
Northgate Sep	6	54	08.00 – 16.30	540
Northgate Info Jun	1	15	08.00 – 16.30	97
Northumbrian Water Sep	2	33	08.00 – 16.30	330
Novartis AG Sep	39	1.140	08.00 – 16.30	5.700
NSB Retail Jun	1	13	08.00 – 16.30	38
NXT Sep	1	5	08.00 – 16.30	15

Spread- und Margin-Liste

Wert	Spread	Margin	Handelszeit	ca. Größe
Ocean Wilsons Sep	27	300	08.00 – 16.30	900
Oil & Gas Sep	12	890	08.00 – 16.30	8.900
Old Mutual (GBP) Sep	1	18	08.00 – 16.30	120
OMG Sep	2	26	08.00 – 16.30	52
Oriel Resources Sep	2	34	08.00 – 16.30	114
Oxford Biomedica Sep	1	5	08.00 – 16.30	25
Oxus Gold Sep	1	5	08.00 – 16.30	24
Pace Microtech Sep	1	23	08.00 – 16.30	90
Pacific Horizon Sep	6	160	08.00 – 16.30	160
PaddyPower Sep	37	810	08.00 – 16.30	2.700
Pancelitica Sep	4	8	08.00 – 16.30	80
Paragon Group Sep	1	13	08.00 – 16.30	87
Parity Group Sep	4	28	08.00 – 16.30	28
Party Gaming Group Sep	3	60	08.00 – 16.30	300
Pat Systems Sep	2	28	08.00 – 16.30	28
Patagonia Gold Sep	1	3	08.00 – 16.30	10
Patientline Sep	1	1	08.00 – 16.30	1
Payzone Sep	1	4	08.00 – 16.30	13
Pearson Sep	5	67	08.00 – 16.30	670
Pendragon Sep	1	8	08.00 – 16.30	29
Pennon Group Sep	6	65	08.00 – 16.30	650
Perpetual Income Sep	3	33	08.00 – 16.30	220
Persimmon Sep	4	105	08.00 – 16.30	350
Peter Hambro Mining Sep	15	280	08.00 – 16.30	1.400
Petra Diamonds Sep	3	30	08.00 – 16.30	100
Photo-Me Sep	1	2	08.00 – 16.30	11
Phytopharm Sep	1	7	08.00 – 16.30	22
Pinewood Sep	12	50	08.00 – 16.30	250
Pipex Comms Sep	1	1	08.00 – 16.30	2
Plasmon Sep	1	1	08.00 – 16.30	6
Polar Cap Tech Sep	5	6	08.00 – 16.30	210
Premier Farnell Sep	1	17	08.00 – 16.30	170
Premier Foods Sep	2	24	08.00 – 16.30	120
Premier Oil Plc Sep	13	180	08.00 – 16.30	1.800
Prezzo Sep	2	10	08.00 – 16.30	50

Spread- und Margin-Liste

Wert	Spread	Margin	Handelszeit	ca. Größe
Principle Capital Hldgs Jun	12	120	08.00 – 16.30	240
Principle Capital Inv Trust Jun	1	13	08.00 – 16.30	50
Proteme Science Sep	1	12	08.00 – 16.30	40
Protherics Sep	1	8	08.00 – 16.30	42
Provident Financial Jun	3	100	08.00 – 16.30	770
Prudential Sep	5	67	08.00 – 16.30	670
Psion Sep	2	24	08.00 – 16.30	120
Punch Taverns Sep	4	52	08.00 – 16.30	520
Pursuit Dynamics Sep	4	80	08.00 – 16.30	270
PV Crystalox Sep	3	38	08.00 – 16.30	190
PZ Cussons Sep	2	38	08.00 – 16.30	190
Qinetiq Sep	2	20	08.00 – 16.30	200
Quadnetics Group Sep	7	45	08.00 – 16.30	150
Quintain Est Sep	3	51	08.00 – 16.30	350
RAB Capital Sep	1	14	08.00 – 16.30	48
Ramco Energy Sep	3	34	08.00 – 16.30	34
Randgold Resources Sep	18	440	08.00 – 16.30	2.200
Rank Group Sep	1	9	08.00 – 16.30	90
Rathbone Brothers Sep	10	100	08.00 – 16.30	1.000
Real Estate Sep	9	310	08.00 – 16.30	3.100
Reckitt Bencksr Sep	22	300	08.00 – 16.30	3.000
Redrow Group Sep	3	24	08.00 – 16.30	240
Reed Elsevier Sep	5	63	08.00 – 16.30	630
Regal Petroleum Sep	5	90	08.00 – 16.30	300
Regent Inns Sep	1	5	08.00 – 16.30	17
Renesola Sep	9	150	08.00 – 16.30	600
Rentokil Sep	1	10	08.00 – 16.30	100
Resolution Sep	6	110	08.00 – 16.30	730
Restaurant Group Sep	1	28	08.00 – 16.30	140
Ricardo Sep	8	105	08.00 – 16.30	350
Rexam Sep	5	45	08.00 – 16.30	450
Rightmove Jun	3	51	08.00 – 16.30	340
Rio Tinto (GBP) Sep	47	630	08.00 – 16.30	6.300
Rit Cap Partners Sep	10	180	08.00 – 16.30	1.200

Spread- und Margin-Liste

Wert	Spread	Margin	Handelszeit	ca. Größe
RM Plc Sep	4	63	08.00 – 16.30	210
Robert Walters Plc Sep	2	32	08.00 – 16.30	160
Robert Wiseman Sep	5	74	08.00 – 16.30	370
ROK Property Sep	2	36	08.00 – 16.30	120
Rolls Royce Sep	3	42	08.00 – 16.30	420
Rotork Sep	12	110	08.00 – 16.30	1.100
Royal Bank Of Scot Sep	2	22	08.00 – 16.30	220
Royal Bank Of Scot Rights Sep	1	4	08.00 – 16.30	26
Royal Sun Alliance Sep	1	21	08.00 – 16.30	140
RPS Group Sep	3	102	08.00 – 16.30	340
Ryanair Holdings Lon Sep	3	54	08.00 – 16.30	270
Sabmiller Sep	10	130	08.00 – 16.30	1.300
Safestore Holdings Plc Sep	3	30	08.00 – 16.30	150
Sage Sep	2	23	08.00 – 16.30	230
Sainsbury Sep	3	35	08.00 – 16.30	350
Savills Sep	3	78	08.00 – 16.30	260
Schroder Japan Sep	2	18	08.00 – 16.30	90
Schroder Venture Sep	6	72	08.00 – 16.30	720
Schroders Sep	11	165	08.00 – 16.30	1.100
Schroders NV Sep	8	140	08.00 – 16.30	930
SCI Entertainment Sep	1	13	08.00 – 16.30	50
Scot South Enrgy Sep	11	140	08.00 – 16.30	1.400
Scottish And Newcastle Sep	6	81	08.00 – 16.30	810
Scottish Inv. Trust Sep	6	75	08.00 – 16.30	500
Scottish Mortgage Trust Sep	6	102	08.00 – 16.30	680
SDL Plc Sep	6	93	08.00 – 16.30	310
Sec. Trust Of Scotland Sep	2	12	08.00 – 16.30	120
Segro Sep	4	61	08.00 – 16.30	410
Senior Sep	2	33	08.00 – 16.30	110
Serco Group Sep	4	46	08.00 – 16.30	460
Severfield Rowen Sep	6	90	08.00 – 16.30	300
Severn Trent Sep	12	140	08.00 – 16.30	1.400
Shaftesbury Sep	3	45	08.00 – 16.30	450
Shanks Group Plc Sep	3	24	08.00 – 16.30	240
Share Plc Sep	2	20	08.00 – 16.30	34

Spread- und Margin-Liste

Wert	Spread	Margin	Handelszeit	ca. Größe
Shire Pharm Group Sep	2	85	08.00 – 16.30	850
SIG Plc Sep	6	144	08.00 – 16.30	720
Signet Group Sep	1	6	08.00 – 16.30	63
Sinclair Pharma Sep	2	20	08.00 – 16.30	40
Skypharma Grp Sep	1	1	08.00 – 16.30	7
SMG Sep	1	2	08.00 – 16.30	13
Smith (David S) Sep	2	13	08.00 – 16.30	125
Smith Nephew Sep	4	56	08.00 – 16.30	560
Smith Group Sep	8	100	08.00 – 16.30	1.000
Soco International Sep	18	380	08.00 – 16.30	1.900
Software Comp Serv Sep	1	48	08.00 – 16.30	480
Southern Cross Sep	4	86	08.00 – 16.30	430
Spark Adventures Sep	1	4	08.00 – 16.30	8
Spectris Sep	6	79	08.00 – 16.30	790
Speedy Hire Sep	6	128	08.00 – 16.30	640
Spirax Sarco Eng Sep	11	120	08.00 – 16.30	1.200
Spirent Sep	1	17	08.00 – 16.30	67
Sportech Sep	1	22	08.00 – 16.30	76
Sports Direct Sep	1	10	08.00 – 16.30	100
Spring Group Sep	1	9	08.00 – 16.30	46
SSL Sep	5	5	08.00 – 16.30	490
St Ives Sep	8	21	08.00 – 16.30	210
St James Place Sep	4	39	08.00 – 16.30	260
St Modwen Sep	6	105	08.00 – 16.30	350
Stagecoach Sep	2	24	08.00 – 16.30	240
Stand Chtrd Bank Sep	14	190	08.00 – 16.30	1.900
Standard Life Sep	2	37	08.00 – 16.30	250
Sterling Energy Sep	1	4	08.00 – 16.30	14
Sthree Sep	3	42	08.00 – 16.30	210
Superscape Group Sep	1	5	08.00 – 16.30	10
Support Services Sep	11	370	08.00 – 16.30	3.700

Wert	Spread	Margin	Handelszeit	ca. Größe
Tadpole Technology Sep	1	1	08.00 – 16.30	2
Tanfield Group PLC Sep	1	20	08.00 – 16.30	68
Tate Lyle Sep	4	45	08.00 – 16.30	450
Taylor Nelson Sep	3	26	08.00 – 16.30	260
Taylor Wimpey Sep	1	8	08.00 – 16.30	84
TDG Sep	5	52	08.00 – 16.30	260
Ted Baker Sep	13	82	08.00 – 16.30	410
Telecom Plus Sep	5	83	08.00 – 16.30	330
Telford Homes Sep	5	65	08.00 – 16.30	130
Templeton Emerge Markets Sep	5	69	08.00 – 16.30	460
Tenon Group Sep	3	28	08.00 – 16.30	56
Tesco Sep	3	42	08.00 – 16.30	420
Thomas Cook Sep	3	25	08.00 – 16.30	250
Thomson Reuters Sep	14	160	08.00 – 16.30	1.600
Tomkins Sep	2	18	08.00 – 16.30	180
Topps Tiles Sep	1	14	08.00 – 16.30	70
Torotrak Sep	1	7	08.00 – 16.30	21
Tower Resources Plc Sep	1	5	08.00 – 16.30	7
TR European Growth Trust Sep	9	92	08.00 – 16.30	460
Tr Property Sep	2	34	08.00 – 16.30	170
Trafficmaster Sep	1	8	08.00 – 16.30	39
Transense Tech Sep	1	6	08.00 – 16.30	12
Travel And Leisure Sep	12	480	08.00 – 16.30	4.800
Travis Perkins Sep	9	81	08.00 – 16.30	810
Tribal Group Sep	3	40	08.00 – 16.30	135
Trinity Mirror Sep	3	69	08.00 – 16.30	230
Triplearc Sep	1	2	08.00 – 16.30	6
TT Electronics Sep	2	25	08.00 – 16.30	125
Tui Travel Sep	3	24	08.00 – 16.30	240
Tullett Prebon Sep	5	72	08.00 – 16.30	480
Tullow Oil Sep	7	93	08.00 – 16.30	930

Spread- und Margin-Liste

Wert	Spread	Margin	Handelszeit	ca. Größe
UBS Sep	19	500	08.00 – 16.30	2.500
UK Coal Sep	5	114	08.00 – 16.30	570
Ultra Electronics Sep	15	260	08.00 – 16.30	1.300
Umbro Jun	2	40	08.00 – 16.30	200
Unilever (GBP) Sep	13	170	08.00 – 16.30	1.700
Uniq Sep	1	25	08.00 – 16.30	125
Unite Group Sep	3	56	08.00 – 16.30	280
United Business Media Sep	5	62	08.00 – 16.30	620
United Utilities Sep	6	74	08.00 – 16.30	740

Wert	Spread	Margin	Handelszeit	ca. Größe
Vanco Sep	3	20	08.00 – 16.30	67
Vedanta Res Sep	17	260	08.00 – 16.30	2.600
Venture Production Plc Sep	7	90	08.00 – 16.30	900
Vic Trex Sep	6	80	08.00 – 16.30	800
Virotec Sep	1	6	08.00 – 16.30	13
Vodafone (GBP) Sep	1	16	08.00 – 16.30	160
VT Group Sep	6	66	08.00 – 16.30	660
Vyke Sep	6	7	08.00 – 16.30	70

Wert	Spread	Margin	Handelszeit	ca. Größe
W.H. Smith Sep	4	40	08.00 – 16.30	400
Warner Estate Holdings Sep	2	75	08.00 – 16.30	250
Weir Group Jun	9	90	08.00 – 16.30	900
Wellstream Sep	13	280	08.00 – 16.30	1.400
Whatman Plc Sep	3	56	08.00 – 16.30	280
Whitbread Sep	10	130	08.00 – 16.30	1.300
William Hill Sep	3	38	08.00 – 16.30	380
Wilmington Group Sep	7	57	08.00 – 16.30	190
Wincanton Sep	3	90	08.00 – 16.30	300
Witan Investment Trust Sep	4	69	08.00 – 16.30	460
Wolfson Microelectronics Sep	1	33	08.00 – 16.30	110
Wolseley Sep	4	55	08.00 – 16.30	550
Wood Group Sep	3	46	08.00 – 16.30	460
Woolworths (GBP) Sep	1	1	08.00 – 16.30	10
Workspace Group Sep	2	36	08.00 – 16.30	180
WPP Sep	6	60	08.00 – 16.30	600
WSP Group Sep	8	143	08.00 – 16.30	570

Wert	Spread	Margin	Handelszeit	ca. Größe
Xaar Sep	4	110	08.00 – 16.30	220
Xchanging PLC Sep	4	52	08.00 – 16.30	260
Xstrata Sep	32	420	08.00 – 16.30	4.200
Yell Group Sep	2	12	08.00 – 16.30	120
Yule Catto Sep	3	15	08.00 – 16.30	150

US-Markt

Wert	Spread	Margin	Handelszeit	ca. Größe
Abbott Laboratories Sep	33	1.140	09.30 – 16.00	5700
Accenture Sep	34	820	09.30 – 16.00	4100
Ace Sep	40	610	10.30 – 17.00	6100
Actions Semiconductor Co Ltd Sep	6	102	09.30 – 16.00	340
Aceto Corp Sep	10	81	09.30 – 16.00	810
ActivIdentity Sep	7	580	09.30 – 16.00	290
Activision Sep	31	680	09.30 – 16.00	3400
Adaptec Sep	4	64	09.30 – 16.00	320
ADC Telecom Sep	16	320	09.30 – 16.00	1600
Adobe Systems Sep	31	440	09.30 – 16.00	4400
Advanced Micro Devices Sep	8	140	09.30 – 16.00	700
AEP Industries Sep	59	500	09.30 – 16.00	2.500
Aetna Sep	31	460	09.30 – 16.00	4.600
Affiliated Managers Gp Sep	51	2.040	09.30 – 16.00	10.200
Affymetrix Sep	31	260	10.30 – 17.00	1.300
Aflac Sep	38	670	09.30 – 16.00	6.700
Agco Corp Sep	36	2.440	09.30 – 16.00	6.100
Agnico Eagle Sep	43	1.440	09.30 – 16.00	7.200
Agrium Sep	44	880	09.30 – 16.00	8.800
AIG Sep	37	360	09.30 – 16.00	3.600
Air Products Chemicals Sep	44	1.010	09.30 – 16.00	10.100
ABX Air Sep	8	45	09.30 – 16.00	150
AK Steel Holdings Sep	48	1400	09.30 – 16.00	7.000
Akeena Solar Sep	12	165	09.30 – 16.00	660

Spread- und Margin-Liste

Wert	Spread	Margin	Handelszeit	ca. Größe
Albermarle Sep	34	440	09.30 – 16.00	4.400
Alcatel-Lucent Sep	9	75	09.30 – 16.00	750
Alcoa Sep	31	410	09.30 – 16.00	4.100
All State Jun	33	510	09.30 – 16.00	5.100
Allegheny Energy Sep	37	540	09.30 – 16.00	5.400
Allegheny Technologies Sep	38	730	09.30 – 16.00	7.300
Allergan Sep	39	1.060	09.30 – 16.00	5.800
Alliance Data Sep	24	1.200	09.30 – 16.00	6.000
Allied Irish Bank Sep	24	400	09.30 – 16.00	4.000
Allied Waste Sep	14	140	09.30 – 16.00	1.400
Allscripts Healthcare Sep	63	240	09.30 – 16.00	1.200
Alpha Natural Resources Jun	65	130	09.30 – 16.00	8.700
Alpharma Sep	29	500	09.30 – 16.00	2.500
Altera Corp Sep	66	460	09.30 – 16.00	2.300
Altria Sep	23	220	09.30 – 16.00	2.200
Aluminium China Sep	37	440	09.30 – 16.00	4.400
Amazon Sep	61	1.620	09.30 – 16.00	8.100
America Movil Sep	41	590	09.30 – 16.00	5.900
American Axle and Man Sep	21	450	09.30 – 16.00	1.800
American Electric Power Sep	35	420	09.30 – 16.00	4.200
American Express Sep	33	460	09.30 – 16.00	4.600
Americredit Sep	19	140	09.30 – 16.00	1.400
Ameriprise Financial Sep	35	470	09.30 – 16.00	4.700
Amgen Sep	42	900	09.30 – 16.00	4.500
AMR Corp Se	13	140	09.30 – 16.00	700
Anadarko Petroleum Corp Sep	39	760	09.30 – 16.00	7.600
Analog Devices Sep	34	350	09.30 – 16.00	3.500
Anaren Sep	15	650	09.30 – 16.00	1.300
Angeion Corp Jun	11	290	09.30 – 16.00	580
Anglogold Ashanti Sep	38	350	09.30 – 16.00	3.500
Anheuser Busch Sep	40	580	09.30 – 16.00	5.800
Aon Corp Sep	38	470	09.30 – 16.00	4.700
Apache Corp Sep	51	1.370	09.30 – 16.00	13.700
Apex Silver Sep	11	750	09.30 – 16.00	750
Apollo Group Sep	112	960	09.30 – 16.00	4.800
Apple Computer Sep	41	1.880	09.30 – 16.00	18.800

Spread- und Margin-Liste

Wert	Spread	Margin	Handelszeit	ca. Größe
Applied Digital Sep	60	21	09.30 – 16.00	70
Applied Material Sep	33	400	09.30 – 16.00	2.000
Applied Micro Sep	12	200	09.30 – 16.00	1.000
Aptargroup Sep	35	450	09.30 – 16.00	4.500
Arch Coal Sep	38	690	09.30 – 16.00	6.900
Archer Daniels Midland Sep	32	400	09.30 – 16.00	4.000
Ariba Sep	53	300	09.30 – 16.00	1.500
Arris Sep	69	188	09.30 – 16.00	940
Arthrocare Corp Sep	50	900	09.30 – 16.00	4.500
Arvin Meritor Sep	17	375	09.30 – 16.00	1.500
ASA Ltd Sep	71	2.075	09.30 – 16.00	8.300
Ashford Hospitality Tr. Sep	7	118	09.30 – 16.00	590
ASM International (US) Sep	39	500	09.30 – 16.00	2.500
Astoria Financial Sep	28	240	09.30 – 16.00	2.400
AT T Corp Sep	33	780	09.30 – 16.00	3.900
Atherogenics Sep	15	21	09.30 – 16.00	70
Atmel Corp Sep	14	44	09.30 – 16.00	440
ATP Oil and Gas Corp Sep	32	1.320	09.30 – 16.00	4.400
Au Optronics Sep	22	380	09.30 – 16.00	1.900
Autodesk Sep	31	820	09.30 – 16.00	4.100
Automatic Data Sep	34	430	09.30 – 16.00	4.300
Avanex Sep	2	12	09.30 – 16.00	120
Avis Budget Group Sep	14	260	09.30 – 16.00	1.300
Avnet Sep	35	300	09.30 – 16.00	3.000
Avon Products Sep	32	390	09.30 – 16.00	3.900
Axcelis Tech Sep	31	143	09.30 – 16.00	570
Baker Hugles Sep	38	890	09.30 – 16.00	8.900
Banco Bradesco Sep	30	240	09.30 – 16.00	2.400
Bank Of America Sep	33	330	09.30 – 16.00	3.300
Bank Of New York Sep	31	430	09.30 – 16.00	4.300
Barrick Gold Sep	34	410	09.30 – 16.00	4.100
Baxter Intl Sep	33	610	09.30 – 16.00	6.100
Baytex Energy Trust Sep	24	580	09.30 – 16.00	2.900
BB T Corp Sep	37	310	09.30 – 16.00	3.100
BEA Systems Sep	24	380	09.30 – 16.00	1.900

Spread- und Margin-Liste

Wert	Spread	Margin	Handelszeit	ca. Größe
Bear Stearns Co Sep	13	470	09.30 – 16.00	940
Bearingpoint Sep	3	13	09.30 – 16.00	130
Beazer Homes Sep	9	136	09.30 – 16.00	680
Becton Dickinson Sep	40	850	09.30 – 16.00	8.500
Bed Bath And Beyond Sep	31	640	09.30 – 16.00	3.200
Belden Sep	21	420	09.30 – 16.00	4.200
Neurochem Sep	9	42	09.30 – 16.00	140
Ben Swann PLC Jun	20	280	09.30 – 16.00	2.800
Best Buy Co Sep	37	920	09.30 – 16.00	4.600
E-speed Sep	12	273	09.30 – 16.00	910
BHP Billiton (USD) Sep	39	860	09.30 – 16.00	8.600
Big Lots Sep	36	310	09.30 – 16.00	3.100
Biogen Sep	130	620	09.30 – 16.00	6.200
Biovale Corp Sep	13	220	09.30 – 16.00	1.100
Birch Moutain Resources Sep	3	16	10.30 – 17.00	52
Black And Decker Sep	39	630	09.30 – 16.00	6.300
Blackrock Sep	86	2.210	10.30 – 17.00	22.100
Blockbuster Sep	4	64	09.30 – 16.00	320
Blue Coat Systems Sep	20	450	09.30 – 16.00	1.800
Blyth Sep	22	400	09.30 – 16.00	2.000
BMC Software Sep	37	400	09.30 – 16.00	4.000
Boeing Co Sep	33	820	09.30 – 16.00	8.200
Bookham (US) Sep	18	40	09.30 – 16.00	200
Borg Warner Sep	41	1.020	09.30 – 16.00	5.100
Boston Science Sep	14	260	09.30 – 16.00	1.300
Boyd Gaming Sep	21	160	09.30 – 16.00	1.600
Brinker International Sep	24	210	09.30 – 16.00	2.100
Bristol-Myers Squibb Sep	24	440	09.30 – 16.00	2.200
Broadcom Sep	32	560	09.30 – 16.00	2.800
Brocade Comms Sep	15	160	09.30 – 16.00	800
Buffalo Wild Wings Sep	41	660	09.30 – 16.00	3.300
Bunge Sep	50	1.210	09.30 – 16.00	12.100
Bunge Ltd Sep	105	1.815	09.30 – 16.00	12.100
Burrlington North Sep	38	2.260	09.30 – 16.00	11.300
Business Objects SA (USD) Jun	39	630	09.30 – 16.00	6.300

Spread- und Margin-Liste

Wert	Spread	Margin	Handelszeit	ca. Größe
Cabot Microelec Sep	134	740	09.30 – 16.00	3.700
Cameco Corp Sep	38	420	09.30 – 16.00	4.200
Campbell Soup Sep	31	330	09.30 – 16.00	3.300
Canadian Nat. Resources Sep	37	990	09.30 – 16.00	9.900
Canadian Pacific Railway Sep	39	710	09.30 – 16.00	7.100
Canadian Solar Sep	31	1.230	09.30 – 16.00	4.100
Cannon Sep	33	1.080	09.30 – 16.00	5.400
Capella Sep	29	990	09.30 – 16.00	6.600
Capital One Financial Sep	39	940	09.30 – 16.00	4.700
Cardinel Health Sep	40	560	09.30 – 16.00	5.600
Career Education Corp Sep	20	360	09.30 – 16.00	1.800
Carnival Corp (USD) Sep	33	780	09.30 – 16.00	3.900
Caterpillar Sep	33	830	09.30 – 16.00	8.300
CB Richard Ellis Group Sep	26	220	09.30 – 16.00	2.200
Celadon Jun	10	330	09.30 – 16.00	1.100
Celestica Sep	12	89	09.30 – 16.00	890
Celgene Corp Sep	67	620	09.30 – 16.00	6.200
Cell Therapeutics Sep	8	12	09.30 – 16.00	60
Cellcom Sep	30	700	09.30 – 16.00	3.500
Cemex Sep	34	280	09.30 – 16.00	2.800
Centex Corp Sep	27	285	09.30 – 16.00	1.900
Central Euro Sep	21	1.620	09.30 – 16.00	10.800
Cephalon Sep	130	1.380	09.30 – 16.00	6.900
Ceragon Networks Sep	30	250	09.30 – 16.00	1.000
CF Industries Holdings Sep	36	2.820	09.30 – 16.00	14.100
Charles Schwab Sep	59	220	09.30 – 16.00	2.200
Check Pt Software Sep	75	500	09.30 – 16.00	2.500
Checkpoint Systems Sep	34	780	09.30 – 16.00	2.600
Cheniere Energy Sep	14	110	09.30 – 16.00	550
Cheseapeake Energy Sep	37	1.120	09.30 – 16.00	5.600
Chevron Texaco Sep	39	2.000	09.30 – 16.00	10.000
Chi Bridge and Iron Sep	41	940	09.30 – 16.00	4.700
China Fund Sep	31	700	09.30 – 16.00	3.500
China Life Sep	40	1.220	09.30 – 16.00	6.100
China Mobile HK Sep	43	750	09.30 – 16.00	7.500
China Petr. Sep	46	1.000	09.30 – 16.00	10.000

Spread- und Margin-Liste

Wert	Spread	Margin	Handelszeit	ca. Größe
China Techfaith Wireless Sep	25	150	09.30 – 16.00	500
China Unicom Sep	27	420	09.30 – 16.00	2.100
Chinadotcom Sep	10	68	09.30 – 16.00	340
Chipmos Tech Sep	35	64	09.30 – 16.00	320
Chiquita Brands Sep	28	750	09.30 – 16.00	2.500
Choicepoint Sep	36	490	09.30 – 16.00	4.900
Chubb Corp Sep	32	540	09.30 – 16.00	5.400
Cia Vale Do Rio Doce Sep	38	400	09.30 – 16.00	4.000
Ciena Sep	78	600	09.30 – 16.00	3.000
Cigna Corp Sep	34	800	09.30 – 16.00	4.000
Cimarex Energy Sep	37	700	09.30 – 16.00	7.000
Cintas Corp Sep	30	580	09.30 – 16.00	2.900
Circuit City Sep	7	96	09.30 – 16.00	480
Cirrus Logic Sep	6	130	09.30 – 16.00	650
Cisco Systems Sep	32	540	09.30 – 16.00	2.700
Citadel Broadcasting Sep	3	34	09.30 – 16.00	170
Citigroup Sep	23	210	09.30 – 16.00	2.100
Citrix Systems Sep	34	700	09.30 – 16.00	3.500
Claymore Sep	75	840	09.30 – 16.00	5.600
Clear Channel Sep	37	700	09.30 – 16.00	3.500
CMGI Sep	18	300	09.30 – 16.00	1.500
CNET Networks Sep	18	240	09.30 – 16.00	1.200
Co De Saneamento Sep	30	1.060	09.30 – 16.00	5.300
Coach Sep	34	720	09.30 – 16.00	3.600
Coca-Cola Co Sep	33	570	09.30 – 16.00	5.700
Cognizant Tech Sep	34	350	09.30 – 16.00	3.500
Colgate Palmoliv Sep	40	740	09.30 – 16.00	7.400
Collective Brands Inc Sep	9	220	09.30 – 16.00	1.100
Comcast Corp a Sep	70	230	09.30 – 16.00	2.300
Commercial Metals Sep	33	370	09.30 – 16.00	3.700
Compucredit Sep	14	190	09.30 – 16.00	950
Computer Associates Sep	59	520	09.30 – 16.00	2.600
Computer Science Sep	34	960	09.30 – 16.00	4.800
Compuware Corp Sep	11	200	09.30 – 16.00	1.000
Comtech Group Sep	51	420	09.30 – 16.00	1.400
Conagro Foods Sep	25	240	09.30 – 16.00	2.400

Spread- und Margin-Liste

Wert	Spread	Margin	Handelszeit	ca. Größe
Conexant Sys Sep	1	10	09.30 – 16.00	51
Conoco Sep	34	940	09.30 – 16.00	9.400
Constellation Energy Gp Sep	45	1.740	09.30 – 16.00	8.700
Continential Airline Sep	18	140	09.30 – 16.00	1.400
Cooper Cameron Sep	36	540	09.30 – 16.00	5.400
Corning Sep	30	270	09.30 – 16.00	2.700
Costco Wholesale Sep	92	1.440	09.30 – 16.00	7.200
Cougar Biotechnology Sep	48	280	09.30 – 16.00	2.800
Countrywide Financials Sep	7	106	09.30 – 16.00	530
Covanta Holding Sep	34	280	09.30 – 16.00	2.800
Covidien Sep	33	1.000	09.30 – 16.00	5.000
Cree Sep	75	260	09.30 – 16.00	2.600
Cresud Sacip Sep	17	300	09.30 – 16.00	1.500
Crocs Sep	20	100	09.30 – 16.00	1.000
Crown Holdings Sep	35	580	09.30 – 16.00	2.900
Cryptologic Sep	59	510	09.30 – 16.00	1.700
CTC Media Inc Sep	31	560	09.30 – 16.00	2.800
Ctrip.com Sep	31	1.140	09.30 – 16.00	5.700
Cummins Sep	42	1.420	09.30 – 16.00	7.100
CuraGen Corporation Sep	39	40	09.30 – 16.00	100
CV Therapetics Sep	46	172	09.30 – 16.00	860
CVS Corp Sep	34	430	09.30 – 16.00	4.300
Cypress Semiconductor Sep	36	280	09.30 – 16.00	2.800

Wert	Spread	Margin	Handelszeit	ca. Größe
Data Domain Sep	20	480	09.30 – 16.00	2.400
DayStar Technologies Sep	37	240	09.30 – 16.00	400
Dean Foods Sep	25	420	09.30 – 16.00	2.100
Deere And Co Sep	37	810	09.30 – 16.00	8.100
Dell Computers Sep	30	460	09.30 – 16.00	2.300
Delta Petroleum Corp Sep	32	460	09.30 – 16.00	2.300
Dentsply Intl Sep	31	820	09.30 – 16.00	4.100
Dicks Sporting Sep	18	230	09.30 – 16.00	2.300
Digital Liglw Sep	1	2	09.30 – 16.00	10
Digital River Sep	178	820	09.30 – 16.00	4.100
Diodes Sep	30	840	09.30 – 16.00	2.800
Discover Financial Sep	20	800	09.30 – 16.00	1.600

Spread- und Margin-Liste

Wert	Spread	Margin	Handelszeit	ca. Größe
Dolby Sep	35	720	09.30 – 16.00	4.800
Dollar Thrifty Auto Sep	16	1.400	09.30 – 16.00	1.400
Dollar Tree Stores Sep	33	370	09.30 – 16.00	3.700
Dominion Resources Sep	33	920	09.30 – 16.00	4.600
Dow Chemical Co Sep	35	400	09.30 – 16.00	4.000
Dr Pepper Snapple Sep	20	240	09.30 – 16.00	2.400
DRDGOLD Limited Sep	11	240	09.30 – 16.00	800
Dream Works Sep	32	310	09.30 – 16.00	3.100
DRS Technologies Sep	60	800	09.30 – 16.00	8.000
Dryships Sep	34	1.880	09.30 – 16.00	9.400
Duke Energy Sep	20	180	09.30 – 16.00	1.800
Dupont Sep	34	470	09.30 – 16.00	4.700
Dyncorp International Sep	19	510	09.30 – 16.00	1.700
Dynergy Sep	10	94	09.30 – 16.00	940

Wert	Spread	Margin	Handelszeit	ca. Größe
E Trade Financial Jun	5	40	09.30 – 16.00	400
Eagle Bulk Operations Sep	32	660	09.30 – 16.00	3.300
Eastman Chemical Sep	35	1.500	09.30 – 16.00	7.500
Eastman Kodak Sep	16	150	09.30 – 16.00	1.500
Ebay Sep	31	600	09.30 – 16.00	3.000
Echo Star Comm Sep	32	360	09.30 – 16.00	3.600
Edison International Sep	32	1.060	09.30 – 16.00	5.300
Edward LifeSciences Sep	32	1.160	09.30 – 16.00	5.800
E-House (China) Holdings Ltd	20	420	09.30 – 16.00	1.400
El Paso Corp Sep	22	400	10.30 – 17.00	2.000
Elan Corp (USD) Sep	27	250	09.30 – 16.00	2.500
Eldorado Gold Corp Sep	12	255	09.30 – 16.00	850
Electronic Arts Sep	32	1000	09.30 – 16.00	5.000
Electronic Data Systems Sep	26	500	09.30 – 16.00	2.500
Eli Lilly Sep	32	960	09.30 – 16.00	4.800
eLong Sep	13	320	09.30 – 16.00	800
EMC Corp Mass Sep	19	360	09.30 – 16.00	1.800
EMC Insurance Group Sep	41	1.400	09.30 – 16.00	2.800
Emerson Electric Sep	36	1.160	09.30 – 16.00	5.800
Empresas Sep	32	560	09.30 – 16.00	2.800
Emulex Corp Sep	16	140	09.30 – 16.00	1.400

Spread- und Margin-Liste

Wert	Spread	Margin	Handelszeit	ca. Größe
EnCana Corp Sep	38	920	09.30 – 16.00	9.200
Enersis Sep	23	380	09.30 – 16.00	1.900
Entercom Communications Sep	11	180	09.30 – 16.00	900
Enzon Pharmaceuticals Sep	10	176	09.30 – 16.00	880
EOG Resources Sep	39	1.280	09.30 – 16.00	12.800
Epix Medical Sep	3	46	09.30 – 16.00	230
Equant Nv Sep	7	43	09.30 – 16.00	430
Equinix Sep	27	960	09.30 – 16.00	9.600
Escalon Medical Sep	8	62	09.30 – 16.00	310
Euronet Worldwide Sep	21	400	09.30 – 16.00	2.000
Everest RE Group Sep	35	880	09.30 – 16.00	8.800
Evergreen Solar Sep	11	100	09.30 – 16.00	1.000
Exar Corp Sep	9	160	09.30 – 16.00	800
Excel Maritime Carriers Sep	27	520	09.30 – 16.00	5.200
Excel Technology Sep	45	520	09.30 – 16.00	2.600
Exelon Corp Sep	33	880	09.30 – 16.00	8.800
Exide Technologies Sep	13	340	09.30 – 16.00	1.700
Expeditors Sep	32	940	09.30 – 16.00	4.700
Express Scripts Sep	32	1.460	09.30 – 16.00	7.300
ExpressJet Holdaings Inc Sep	2	76	09.30 – 16.00	190
Extreme Networks Sep	4	66	09.30 – 16.00	330
Exxon Mobil Corp Sep	31	880	09.30 – 16.00	8.800
Factset Research Systems Sep	35	630	09.30 – 16.00	6.300
Fair Isaac Corp Sep	27	240	09.30 – 16.00	2.400
Falcon Oil and Gas Sep	1	33	09.30 – 16.00	110
Falconstor Sep	12	270	09.30 – 16.00	900
Fannie Mae Sep	30	270	09.30 – 16.00	2.700
FARO Technologies Sep	35	280	09.30 – 16.00	2.800
Fastenal Sep	31	980	09.30 – 16.00	4.900
FC Stone Sep	24	780	09.30 – 16.00	3.900
Federal Realty Inv Trust Sep	28	1.600	09.30 – 16.00	8.000
Fedex Corp Sep	36	920	09.30 – 16.00	9.200
Fifth Third Bancorp Sep	18	170	09.30 – 16.00	1.700
Finisar Corp Sep	3	36	09.30 – 16.00	180
First Energy Corp Sep	36	1.560	09.30 – 16.00	7.800

Spread- und Margin-Liste

Wert	Spread	Margin	Handelszeit	ca. Größe
First Marblehead Corp Sep	4	680	09.30 – 16.00	340
First Merit Corp Sep	20	380	09.30 – 16.00	1.900
Fiserv Sep	32	1.040	09.30 – 16.00	5.200
Five Star Quality Care Sep	9	204	09.30 – 16.00	680
Flamel Technology Sep	14	200	09.30 – 16.00	1.000
Flextronics Sep	12	220	09.30 – 16.00	1.100
Flir Systems Sep	35	800	09.30 – 16.00	4.000
Flowserve Sep	37	2.100	09.30 – 16.00	14.000
Fluor Corp Sep	48	3.800	09.30 – 16.00	19.000
Foot Locker Sep	15	150	09.30 – 16.00	1.500
Force Protect Sep	6	82	09.30 – 16.00	410
Ford Motor Co Sep	8	68	09.30 – 16.00	680
Fording Canadian Coal Sep	39	840	09.30 – 16.00	8.400
Forest Oil Sep	34	740	09.30 – 16.00	7.400
Forrest Labs Sep	31	360	09.30 – 16.00	3.600
Fortis Investments Sep	15	420	09.30 – 16.00	1.400
Fortune Brands Sep	32	690	09.30 – 16.00	6.900
Foster Wheeler Sep	34	790	09.30 – 16.00	7.900
Foundation Coal Holdings Sep	37	740	09.30 – 16.00	7.400
FPL Group Sep	32	660	09.30 – 16.00	6.600
Freddie Mac Sep	27	250	09.30 – 16.00	2.500
Freds Sep	13	120	09.30 – 16.00	1.200
Freeport Mcmoran Sep	35	2.340	09.30 – 16.00	11.700
Frontier Oil Corp Sep	32	320	09.30 – 16.00	3.200
Frontline (USD) Sep	38	620	09.30 – 16.00	6.200
FS Networks Sep	32	600	09.30 – 16.00	3.000
Fuel Tech Sep	33	780	09.30 – 16.00	2.600
Fuelcell Energy Sep	11	100	09.30 – 16.00	1.000
Furniture Brands Intl Se	16	150	09.30 – 16.00	1.500
Fxen Energy Sep	7	200	09.30 – 16.00	500

Spread- und Margin-Liste

Wert	Spread	Margin	Handelszeit	ca. Größe
Gamestop Corp Sep	22	490	09.30 – 16.00	4.900
Gannett Co Sep	29	280	09.30 – 16.00	2.800
Gap Sep	20	180	09.30 – 16.00	1.800
Garmin Sep	30	530	09.30 – 16.00	5.300
Gehl Sep	24	160	09.30 – 16.00	1.600
Gemstar TV Guide Sep	12	90	09.30 – 16.00	450
Genco Shipping Sep	43	670	09.30 – 16.00	6.700
Gencorp Sep	10	160	09.30 – 16.00	800
Genentec Sep	31	740	09.30 – 16.00	7.400
General Cable Corp Sep	38	690	09.30 – 16.00	6.900
General Dynamics Sep	33	1.800	09.30 – 16.00	9.000
General Electric Co Sep	31	310	09.30 – 16.00	3.100
General Maritime Sep	31	560	09.30 – 16.00	2.800
General Mills Sep	31	630	09.30 – 16.00	6.300
General Motors Sep	19	180	09.30 – 16.00	1.800
Genpact Sep	19	300	09.30 – 16.00	1.500
Genta Sep	35	10	09.30 – 16.00	50
Gentex Corp Sep	18	340	09.30 – 16.00	1.700
Genzyme Corp Sep	35	680	09.30 – 16.00	6.800
Getty Images Sep	21	510	09.30 – 16.00	3.400
GFI Group Inc Sep	10	360	09.30 – 16.00	1.200
Gilead Sciences Sep	33	560	09.30 – 16.00	5.600
Given Imaging Sep	18	450	09.30 – 16.00	1.500
Global Payments Sep	36	960	09.30 – 16.00	4.800
Gold Corp.Inc Sep	34	400	09.30 – 16.00	4.000
Gold Field Sep	14	130	09.30 – 16.00	1.300
Golden Star Resources Sep	5	93	09.30 – 16.00	310
Goldman Sachs Sep	33	1.700	09.30 – 16.00	17.000
Goodyear Sep	26	480	09.30 – 16.00	2.400
Gravity Co Sep	10	70	09.30 – 16.00	140
Green Plains Ren. Energy Sep	31	270	09.30 – 16.00	900
Group 1 Auto Sep	32	260	09.30 – 16.00	2.600
Grupo Aeroportuario Sep	62	765	09.30 – 16.00	5.100
Guess Sep	32	760	09.30 – 16.00	3.800

Spread- und Margin-Liste

Wert	Spread	Margin	Handelszeit	ca. Größe
H J Heinz Sep	31	500	09.30 – 16.00	5.000
H R Block Sep	27	230	09.30 – 16.00	2.300
Halliburton Sep	34	940	09.30 – 16.00	4.700
Handelman Jun	3	55	09.30 – 16.00	110
Hansen Nat. Corp Sep	32	640	09.30 – 16.00	3.200
Harley Davidson Sep	33	400	09.30 – 16.00	4.000
Harleysville Group Sep	32	975	09.30 – 16.00	3.900
Harmony Group Sep	14	240	09.30 – 16.00	1.200
Hartford Fin. Svcs Sep	34	720	09.30 – 16.00	7.200
Health Care Eqt and Svcs Sep	31	490	09.30 – 16.00	4.900
Hecla Mining Sep	10	176	09.30 – 16.00	880
Henry Schein Sep	33	1.100	09.30 – 16.00	5.500
Hershey Foods Sep	31	380	09.30 – 16.00	3.800
Hewlett Packard Sep	32	470	09.30 – 16.00	4.700
Hitech Pharm Sep	13	182	09.30 – 16.00	910
Hittite Microwve Sep	23	800	09.30 – 16.00	4.000
Hollis Eden Sep	3	32	09.30 – 16.00	160
Home Depot Sep	28	540	09.30 – 16.00	2.700
Honeywell Int Sep	32	570	09.30 – 16.00	5.700
Hot Topic Sep	6	102	09.30 – 16.00	510
Hovnanian Enterprises Sep	9	164	09.30 – 16.00	820
Huaneng Power Intl Sep	34	680	09.30 – 16.00	3.400
Human Genome Sep	7	114	09.30 – 16.00	570
Huntsman Corp Sep	24	210	09.30 – 16.00	2.100
Huron Consulting Sep	30	1.060	09.30 – 16.00	5.300
Hutchinson Tech Sep	16	225	09.30 – 16.00	1.500

Spread- und Margin-Liste

Wert	Spread	Margin	Handelszeit	ca. Größe
IBM Sep	32	1.290	09.30 – 16.00	12.900
ICICI Bank Sep	38	350	09.30 – 16.00	3.500
I-Flow Corp Sep	18	280	09.30 – 16.00	1.400
IHS Inc Sep	64	580	09.30 – 16.00	5.800
Illinois Tool Sep	31	520	09.30 – 16.00	5.200
Imax Corp Sep	10	74	09.30 – 16.00	740
Imclone Sys Sep	33	800	09.30 – 16.00	4.000
Immtech Pharma Sep	9	11	09.30 – 16.00	110
IMS Health Sep	25	240	09.30 – 16.00	2.400
Ind Tankers Sep	76	180	09.30 – 16.00	900
Infineon Techs Sep	11	188	09.30 – 16.00	940
Informatica Sep	19	360	09.30 – 16.00	1.800
Infospace Sep	10	176	09.30 – 16.00	880
Infosys Technologies Sep	33	470	09.30 – 16.00	4.700
INGersoll-Rand Sep	33	3.440	09.30 – 16.00	4.300
Integrated Devices Sep	12	220	09.30 – 16.00	1.100
Intel Sep	24	460	09.30 – 16.00	2.300
Inter Public Group Sep	11	99	09.30 – 16.00	990
Interactive Data Corp Sep	29	540	09.30 – 16.00	2.700
Intercontinental Exchg Sep	34	2.640	09.30 – 16.00	13.200
International Paper Sep	27	520	09.30 – 16.00	2.600
Interpharm Holdings Sep	1	1	08.35 – 15.15	5
Intraware Sep	23	92	09.30 – 16.00	460
Intuit Sep	30	580	09.30 – 16.00	2.900
Invesco (US) Sep	32	280	09.30 – 16.00	2.800
Invitrogen Corp Sep	33	920	09.30 – 16.00	4.600
IONA Tech Sep	6	95	09.30 – 16.00	380
IRSA Inversion Sep	21	390	09.30 – 16.00	1.300
IShare Silver Tracker Sep	50	8.400	09.30 – 16.00	16.800
IShares Comex Gold Sep	38	1.760	09.30 – 16.00	8.800
iShares FTSE/Xinhua China 25 Sep	48	1.500	09.30 – 16.00	15.000
iShares GS Nat Res Sep	80	3.000	09.30 – 16.00	15.000
iShares MSCI S Korea Sep	67	590	09.30 – 16.00	5.900
iShares SP Global Fin. Sec Sep	100	1.035	09.30 – 16.00	6.900
Islecorp Sep	9	69	09.30 – 16.00	690
Isolagen Sep	2	17	09.30 – 16.00	55
Ivanhoe Mines Sep	9	90	09.30 – 16.00	900

Spread- und Margin-Liste

Wert	Spread	Margin	Handelszeit	ca. Größe
J.P. Morgan Chase Sep	31	840	09.30 – 16.00	4.200
Jacobs Engineering Group Sep	32	930	09.30 – 16.00	9.300
Jaynus Group Sep	33	600	09.30 – 16.00	3.000
JC Penney Co Sep	33	800	09.30 – 16.00	4.000
JDS Uniphase Cp Sep	14	240	09.30 – 16.00	1.200
Jefferies Group Sep	19	180	09.30 – 16.00	1.800
Johnson Johnson Sep	32	670	09.30 – 16.00	6.700
Jones Apparel Sep	17	170	09.30 – 16.00	1.700
Jones Lang Sep	39	1.380	09.30 – 16.00	6.900
Joy Global. Sep	40	1.680	09.30 – 16.00	8.400
Juniper Networks Sep	28	270	09.30 – 16.00	2.700
KB Home Sep	22	330	09.30 – 16.00	2.200
Kellogs Co Sep	32	510	09.30 – 16.00	5.100
Key Corp Sep	20	380	10.05 – 16.00	1.900
Kimberly-Clark Sep	32	630	09.30 – 16.00	6.300
King Pharmaceuticals Sep	11	100	09.30 – 16.00	1.000
Kinross Gold corp Sep	20	400	09.30 – 16.00	2.000
KLA Tencor Sep	32	900	09.30 – 16.00	4.500
Knight Capital Sep	20	360	09.30 – 16.00	1.800
Kohls Corp Sep	32	920	09.30 – 16.00	4.600
KongZong Sep	8	140	09.30 – 16.00	450
Kookmin Bank Sep	32	1.240	09.30 – 16.00	6.200
Kopin Corp Sep	4	90	09.30 – 16.00	300
Korea Electric Power Sep	18	160	09.30 – 16.00	1.600
Korea Fund Sep	32	140	09.30 – 16.00	1.400
Kraft Sep	31	320	09.30 – 16.00	3.200
Krispy Kreme Sep	4	64	09.30 – 16.00	320
Kroger Co Sep	29	280	09.30 – 16.00	2.800

Spread- und Margin-Liste

Wert	Spread	Margin	Handelszeit	ca. Größe
Lamar Adverts A Sep	31	800	09.30 – 16.00	4.000
Landstar Systems Sep	36	570	09.30 – 16.00	5.700
Las Vegas Sands Sep	32	1.300	09.30 – 16.00	6.500
Lattice Semi Corp Sep	5	70	09.30 – 16.00	350
LDK Solar Co Sep	34	900	09.30 – 16.00	4.500
Leap Wireless Sep	35	580	09.30 – 16.00	5.800
Lehman Bros Sep	31	620	09.30 – 16.00	3.100
Lennar Cp Sep	19	170	09.30 – 16.00	1.700
Lexmark Int Sep	34	740	09.30 – 16.00	3.700
LG Philips LCD Sep	25	630	09.30 – 16.00	2.100
Limited Brands Sep	20	380	09.30 – 16.00	1.900
Lincare Holdings Sep	28	540	09.30 – 16.00	2.700
Lincoln National Sep	32	550	09.30 – 16.00	5.500
Linear Tech Sep	31	720	09.30 – 16.00	3.600
Lloyds Bank ADR Sep	31	300	09.30 – 16.00	3.000
LM Erics Tel Sep	28	740	09.30 – 16.00	3.700
Lockheed Martin Corp Sep	33	5.500	09.30 – 16.00	11.000
Loews Corp Sep	32	500	09.30 – 16.00	5.000
Looksmart Sep	19	44	09.30 – 16.00	440
Loop Net Sep	18	260	09.30 – 16.00	1.300
Louisiana Pacific Sep	12	240	09.30 – 16.00	1.200
Lowes Companies Sep	25	480	09.30 – 16.00	2.400
LSI Logic Sep	8	146	09.30 – 16.00	730
Luxottica Sep	18	560	09.30 – 16.00	2.800
Macys Sep	17	230	09.30 – 16.00	2.300
Magna Int Sep	40	700	09.30 – 16.00	7.000
Mahanagar Telecom Sep	8	47	09.30 – 16.00	470
Maidenform Brands Sep	15	450	09.30 – 16.00	1.500
Manitowoc Co Sep	31	410	09.30 – 16.00	4.100
Marathon Oil Sep	39	520	09.30 – 16.00	5.200
Marriott International Sep	33	640	09.30 – 16.00	3.200
Marsh Mclennon Sep	28	270	09.30 – 16.00	2.700
Marvel Entertainment Sep	35	720	09.30 – 16.00	3.600
Masco Corp Sep	20	180	09.30 – 16.00	1.800
Massey Energy Sep	60	1.400	09.30 – 16.00	7.000

Spread- und Margin-Liste

Wert	Spread	Margin	Handelszeit	ca. Größe
Mbia Sep	9	68	09.30 – 16.00	680
McGraw- Hill Sep	31	420	09.30 – 16.00	4.200
McMoran Exploration Sep	32	660	09.30 – 16.00	3.300
Mechel OAO Sep	24	825	09.30 – 16.00	5.500
Medtronic Sep	36	520	09.30 – 16.00	5.200
Melco PBL Entertainment Sep	47	220	09.30 – 16.00	1.100
Merck Co Sep	31	380	09.30 – 16.00	3.800
Meridian Biosci Sep	32	600	09.30 – 16.00	3.000
Merrill Lynch Sep	35	420	09.30 – 16.00	4.200
Metlife Sep	39	600	09.30 – 16.00	6.000
MF Global Sep	11	700	09.30 – 16.00	1.400
MGM Mirage Sep	31	480	09.30 – 16.00	4.800
Microchip Tech Sep	33	720	09.30 – 16.00	3.600
Micron Technologies Sep	10	80	09.30 – 16.00	800
Microsoft Group Sep	30	560	09.30 – 16.00	2.800
MicroStrategy Inc Sep	48	1.540	09.30 – 16.00	7.700
MicroVision Sep	45	70	09.30 – 16.00	350
Middleby Corp Sep	62	1.120	09.30 – 16.00	5.600
Midway Games Sep	4	46	09.30 – 16.00	230
Millenium Pharmacy Sep	26	500	09.30 – 16.00	2.500
Mirant Corp Sep	29	800	09.30 – 16.00	4.000
Mitsubishi UFJ Fin. Gp Sep	16	110	09.30 – 16.00	1.100
Mittal Steel Sep	58	1.000	09.30 – 16.00	10.000
MK VECTORS AGRIBS Sep	70	1.260	09.30 – 16.00	6.300
Mobile Telesys Sep	46	1.740	09.30 – 16.00	8.700
Molson Coors Sep	39	580	09.30 – 16.00	5.800
Montpelier Sep	18	340	09.30 – 16.00	1.700
Moodys Corp Sep	31	390	09.30 – 16.00	3.900
Morgan Stanley Sep	33	430	09.30 – 16.00	4.300
Mrkt Vctrs Gold Miners Sep	46	920	09.30 – 16.00	4.600
Mueller Water Products Sep	15	200	09.30 – 16.00	1.000

Spread- und Margin-Liste

Wert	Spread	Margin	Handelszeit	ca. Größe
North American Palladium Sep	17	216	09.30 – 16.00	540
Nasdaq Sep	33	680	09.30 – 16.00	3.400
National City Corp Sep	7	112	09.30 – 16.00	560
National Semiconductors Sep	22	220	09.30 – 16.00	2.200
Navigant Consulting Sep	20	540	09.30 – 16.00	1.800
Navios Maritime Holdings Sep	14	110	09.30 – 16.00	1.100
Netease Sep	29	220	09.30 – 16.00	2.200
Netflix Sep	55	640	09.30 – 16.00	3.200
Network Appliance Sep	64	480	09.30 – 16.00	2.400
New Orient Education Sep	34	1.400	09.30 – 16.00	7.000
New York Times Sep	18	170	09.30 – 16.00	1.700
New Zealand Telecom Sep	19	150	09.30 – 16.00	1.500
Newfield Exploration Sep	42	630	09.30 – 16.00	6.300
Newmont Mining Sep	33	470	09.30 – 16.00	4.700
Nexen Sep	35	390	09.30 – 16.00	3.900
Nike Sep	34	670	09.30 – 16.00	6.700
Noble Corp Sep	32	620	09.30 – 16.00	6.200
Nokia US Sep	34	280	09.30 – 16.00	2.800
Nordstrom Sep	32	350	09.30 – 16.00	3.500
Norfolk Southern Sep	34	660	09.30 – 16.00	6.600
Nortel Networks Sep	10	80	09.30 – 16.00	800
Northern Trust Sep	34	1.480	09.30 – 16.00	7.400
Northrop Gruman. Sep	31	740	09.30 – 16.00	7.400
Nova Gold Sep	12	170	09.30 – 16.00	850
Novartis Sep	31	540	09.30 – 16.00	5.400
Novatel Wireless Sep	12	275	09.30 – 16.00	1.100
Novell. Sep	17	140	09.30 – 16.00	700
NTL Oilwell Sep	31	830	09.30 – 16.00	8.300
Nuance Comms Sep	20	380	09.30 – 16.00	1.900
NVE Corp Sep	75	1.170	09.30 – 16.00	3.900
Nvidia Corp. Sep	40	480	09.30 – 16.00	2.400
NYSE Group Sep	40	1.260	09.30 – 16.00	6.300

Spread- und Margin-Liste

Wert	Spread	Margin	Handelszeit	ca. Größe
Occidental Petroleum Sep	34	900	09.30 – 16.00	9.000
Odyssey Re Hldgs Sep	40	380	09.30 – 16.00	3.800
Office Depot Sep	16	130	09.30 – 16.00	1.300
Omnicom Group Sep	36	490	09.30 – 16.00	4.900
Onyx Pharmaceuticals Sep	31	875	09.30 – 16.00	3500
Openwave Sep	25	40	09.30 – 16.00	200
Oracle Sep	28	460	09.30 – 16.00	2.300
Orient Express Hotels Sep	57	490	09.30 – 16.00	4.900
Overseas shipping Group Sep	51	800	09.30 – 16.00	8.000
Owens Corning Sep	21	375	09.30 – 16.00	2.500
Owens Illinois Sep	24	1.100	09.30 – 16.00	5.500
Paccar Sep	34	1.060	09.30 – 16.00	5.300
Pacific Ethanol Sep	9	34	09.30 – 16.00	340
Pacific Sunwear Sep	17	90	09.30 – 16.00	900
Palm Sep	7	132	09.30 – 16.00	660
Palomar Medical Tech Sep	10	275	09.30 – 16.00	1.100
Pan Am Silver Corp Sep	72	660	09.30 – 16.00	3.300
Par Pharmaceuticals Sep	23	340	09.30 – 16.00	1.700
Parker Drilling Sep	10	89	09.30 – 16.00	890
Parker-Hannifin Sep	44	830	09.30 – 16.00	8.300
Patterson Dent Sep	34	680	09.30 – 16.00	3.400
PDI Biopharma Sep	11	100	09.30 – 16.00	1.000
Peabody Energy Sep	35	780	09.30 – 16.00	7.800
Pediatrix Med Sep	55	550	09.30 – 16.00	5.500
Penn International Sep	47	920	09.30 – 16.00	4.600
Pepsi Bottling Gp Sep	34	320	09.30 – 16.00	3.200
Pepsico Sep	31	670	09.30 – 16.00	6.700
Petro-Canada Sep	34	580	09.30 – 16.00	5.800
PetroChina (USD) Sep	58	2.800	09.30 – 16.00	14.000
Petsmart Sep	26	460	09.30 – 16.00	2.300
Pfizer. Sep	21	190	09.30 – 16.00	1.900
PgandE Corp Sep	32	390	09.30 – 16.00	3.900
Pharmion Corp Sep	32	1.850	09.30 – 16.00	7.400
Philip Morris Sep	39	520	09.30 – 16.00	5.200
Pier 1 Imports Sep	10	177	09.30 – 16.00	710

Wert	Spread	Margin	Handelszeit	ca. Größe
Pinnacle Entertainment Sep	15	280	09.30 – 16.00	1.400
Pioneer Nat. Sep	43	1.460	09.30 – 16.00	7.300
Pitney Bowes Sep	32	360	09.30 – 16.00	3.600
Platinum Research Org Sep	1	7	09.30 – 16.00	15
PMC Sierra Sep	46	180	09.30 – 16.00	900
Pml Group Sep	7	120	09.30 – 16.00	600
PNC Financial Services Sep	43	630	09.30 – 16.00	6.300
Polymet Mining Sep	26	105	09.30 – 16.00	420
PPL Corp Sep	31	500	09.30 – 16.00	5.000
Praxair Sep	38	960	09.30 – 16.00	9.600
Precision Cast Sep	47	1.150	09.30 – 16.00	11.500
Pride International Sep	38	860	09.30 – 16.00	4.300
Procter Gamble Sep	32	660	09.30 – 16.00	6.600
Progress Energy Sep	31	420	09.30 – 16.00	4.200
Progressive Corp Sep	22	210	09.30 – 16.00	2.100
PROLOGIS Sep	33	610	09.30 – 16.00	6.100
Proshares UltraShort Oil Gas Sep	47	750	09.30 – 16.00	3.000
Public Service El	26	430	09.30 – 16.00	4.300
Public Storage Sep	39	880	09.30 – 16.00	8.800
Pulte Homes Sep	10	130	09.30 – 16.00	1.300
Q Logic Corp Sep	59	320	09.30 – 16.00	1.600
Qimonda Sep	7	40	09.30 – 16.00	400
QQQ Sep	32	500	09.30 – 16.00	5.000
Quicksilver Resources Sep	32	370	09.30 – 16.00	3.700
Quintana Maritime Sep	33	680	09.30 – 16.00	3.400
Qwest Communication Sep	6	47	09.30 – 16.00	470
Radio Shack Sep	16	140	09.30 – 16.00	1.400
Rambus Sep	79	400	09.30 – 16.00	2.000
Range Resources Sep	39	1.320	09.30 – 16.00	6.600
Rayonier Sep	40	1.380	09.30 – 16.00	4.600
Raytheon Co Sep	38	1.260	09.30 – 16.00	6.300
RC2 Corp Sep	24	380	09.30 – 16.00	1.900
Real Networks Sep	34	148	09.30 – 16.00	740
Red Hat Sep	27	480	09.30 – 16.00	2.400

Spread- und Margin-Liste

Wert	Spread	Margin	Handelszeit	ca. Größe
Rehabcare Group Sep	19	340	09.30 – 16.00	1.700
Reliance Steel Sep	52	690	09.30 – 16.00	6.900
Renaissance Holdings Sep	33	530	09.30 – 16.00	5.300
Research In Motion Sep	24	2.600	09.30 – 16.00	13.000
RH Donnelley Sep	8	53	09.30 – 16.00	530
Rite Aid Corp Sep	3	22	09.30 – 16.00	220
Rockwell Automatic Sep	39	560	09.30 – 16.00	5.600
Ross Stores Sep	35	720	09.30 – 16.00	3.600
Royal Bank Of Scotland (US) Sep	6	50	09.30 – 16.00	500
Royal Carribean Sep	31	290	09.30 – 16.00	2.900
RR Donnelley Sep	33	640	09.30 – 16.00	3.200
Ryder System Sep	42	730	09.30 – 16.00	7.300
Ryland Group Sep	32	580	09.30 – 16.00	2.900
Safeway Sep	34	320	09.30 – 16.00	3.200
Saks Sep	16	130	09.30 – 16.00	1.300
Salesforce.com Sep	29	1.460	09.30 – 16.00	7.300
Sandisk Corp Sep	73	600	09.30 – 16.00	3.000
Sanmina Corp Sep	4	32	09.30 – 16.00	160
Sara Lee Corp Sep	17	140	09.30 – 16.00	1.400
Schlumberger Sep	37	2.000	09.30 – 16.00	10.000
Schnitzer Steel Sep	25	1.000	09.30 – 16.00	10.000
Schulman Sep	61	460	09.30 – 16.00	2.300
Seagate Tech Sep	26	220	09.30 – 16.00	2.200
Sealed Air Cp Sep	25	460	09.30 – 16.00	2.300
Semtech Corp Sep	81	360	09.30 – 16.00	1.800
Shering Plough. Sep	21	230	09.30 – 16.00	2.300
Sherwin Williams Sep	34	550	09.30 – 16.00	5.500
SID Nacional Sep	42	480	09.30 – 16.00	4.800
Sierra Pacific Resources Sep	15	130	09.30 – 16.00	1.300
Silicon Image Sep	38	140	09.30 – 16.00	700
Silver Std Res Sep	133	600	09.30 – 16.00	3.000
Simon Property Group Inc Sep	31	990	09.30 – 16.00	9.900
Simtek Corp Sep Sep	25	22	09.30 – 16.00	220
Sirius Satellite Radio Sep	4	26	09.30 – 16.00	260
Slm Corp Sep	17	440	09.30 – 16.00	2.200

Wert	Spread	Margin	Handelszeit	ca. Größe
Sohu Com Sep	96	900	09.30 – 16.00	9.000
Sonic Solutions Sep	30	180	09.30 – 16.00	900
Sonus Networks Sep	5	42	09.30 – 16.00	420
Sony Corp Sep	33	1.020	09.30 – 16.00	5.100
Sothebys Sep	30	260	09.30 – 16.00	2.600
South West Gas Corp Sep	24	465	09.30 – 16.00	3.100
Southern Co Sep	31	350	09.30 – 16.00	3.500
Southern Copper Sep	59	2.140	09.30 – 16.00	10.700
Southwest Airlines Sep	19	140	09.30 – 16.00	1.400
Southwestern Energy Sep	33	675	09.30 – 16.00	4.500
Soverign Bank Corp Sep	11	180	09.30 – 16.00	900
Spectra Energy Corp Sep	29	270	09.30 – 16.00	2.700
Sprint Nextel Sep	10	95	09.30 – 16.00	950
SPX Corp Sep	46	2.720	09.30 – 16.00	13.600
St Jude Medical Sep	36	840	09.30 – 16.00	4.200
Standard Pacific Sep	5	51	09.30 – 16.00	340
Stanley Works Sep	39	960	09.30 – 16.00	4.800
Staples Sep	84	460	09.30 – 16.00	2.300
Star Bulk Carriers Corp Sep	13	280	09.30 – 16.00	1.400
Starbucks Sep	22	360	09.30 – 16.00	1.800
Starcorp Financial Sep	39	1.100	09.30 – 16.00	5.500
Starent Networks Sep	12	360	09.30 – 16.00	1.800
Starwood Hotels Sep	36	940	09.30 – 16.00	4.700
State Street Corp Sep	41	420	09.30 – 16.00	4.200
Stillwater Mining Sep	18	280	09.30 – 16.00	1.400
Streettracks Gold Sep	73	1.760	09.30 – 16.00	8.800
Stryker Corp Sep	38	640	09.30 – 16.00	6.400
SULPHCO Sep	5	180	09.30 – 16.00	360
Sun Microsystems Sep	13	260	09.30 – 16.00	1.300
Suncor Energy Sep	39	670	09.30 – 16.00	6.700
Sunoco. Sep	43	980	09.30 – 16.00	4.900
Sunstone Hotel Sep	21	200	09.30 – 16.00	2.000
Suntech Power Sep	40	820	09.30 – 16.00	4.100
Suntrust Banks Sep	35	500	09.30 – 16.00	5.000
Symantec Corp Sep	72	420	09.30 – 16.00	2.100
Syntel Inc Sep	29	660	09.30 – 16.00	3.300

Spread- und Margin-Liste

Wert	Spread	Margin	Handelszeit	ca. Größe
Synthemed Sep	2	45	09.30 – 16.00	50
Sysco Jun	34	310	09.30 – 16.00	3.100

Wert	Spread	Margin	Handelszeit	ca. Größe
Taiwan Semiconductor Sep	14	110	09.30 – 16.00	1.100
Target Corp. Sep	32	560	09.30 – 16.00	5.600
Taser International Sep	19	142	09.30 – 16.00	710
Tata Motors Sep	17	260	09.30 – 16.00	1.300
TBS International Sep	46	940	09.30 – 16.00	4.700
Teekay LNG Partners Sep	37	580	09.30 – 16.00	2.900
Telekomunik Indonesia Sep	38	680	09.30 – 16.00	3.400
Tellabs. Sep	6	104	09.30 – 16.00	520
Tenet Healthcare Sep	8	61	09.30 – 16.00	610
Teradyne. Sep	19	260	09.30 – 16.00	1.300
Terra Inds Sep	37	940	09.30 – 16.00	4.700
Terra Nitrogen Company Sep	56	3.650	09.30 – 16.00	14.600
Tesoro Corp Sep	37	280	09.30 – 16.00	2.800
Tessera Technologies Sep	23	400	09.30 – 16.00	2.000
Teva Pharm Sep	114	900	09.30 – 16.00	4.500
Texas Ind Sep	32	730	09.30 – 16.00	7.300
Texas Instrument Sep	31	320	09.30 – 16.00	3.200
Textron. Sep	31	1.220	09.30 – 16.00	6.100
The Aes Corp Sep	21	380	09.30 – 16.00	1.900
Thompson Creek Metals (US) Sep	28	315	09.30 – 16.00	2.100
Thomson Reuters (US) Sep	27	360	09.30 – 16.00	3.600
Tibco Software Sep	52	160	09.30 – 16.00	800
Tidewater Sep	44	1.320	09.30 – 16.00	6.600
Time Warner Sep	17	320	09.30 – 16.00	1.600
Titanium Metals Sep	19	170	09.30 – 16.00	1.700
TJX Companies Sep	31	320	09.30 – 16.00	3.200
TK Shipping Sep	39	490	09.30 – 16.00	4.900
Toll Brothers Sep	38	220	09.30 – 16.00	2.200
Toyota Motor Sep	43	1.030	09.30 – 16.00	10.300
Tractor Supply Sep	22	350	09.30 – 16.00	3.500
Trane Sep	39	470	09.30 – 16.00	4.700
Transocean. Sep	31	2.920	09.30 – 16.00	14.600
Travelzoo.Inc Sep	81	220	09.30 – 16.00	1.100

Wert	Spread	Margin	Handelszeit	ca. Größe
Trident Microsystems Sep	21	46	09.30 – 16.00	460
Triquint Semi Sep	19	63	09.30 – 16.00	630
True North Energy Corp Sep	2	5	09.30 – 16.00	27
Trump Entertainment Sep	13	32	09.30 – 16.00	320
TRW Sep	28	500	09.30 – 16.00	2.500
Tuesday Morning Sep	61	100	09.30 – 16.00	500
Turbochef Tech Sep	10	130	09.30 – 16.00	650
Tyco Electron Sep	34	800	09.30 – 16.00	4.000
Tyco Internation. Sep	35	900	09.30 – 16.00	4.500
Tyson foods Sep	20	340	09.30 – 16.00	1.700
UBS (US) Sep	19	240	09.30 – 16.00	2.400
Ultra Petroleum Sep	53	930	09.30 – 16.00	9.300
Unibanco Sep	48	3.000	09.30 – 16.00	15.000
Unilever NV Sep	35	330	09.30 – 16.00	3.300
Union Pacific Sep	35	800	09.30 – 16.00	8.000
Unisys Corp Sep	6	96	09.30 – 16.00	480
Unit Corporation Sep	43	1.540	09.30 – 16.00	7.700
United Health Grp Sep	31	340	09.30 – 16.00	3.400
United Parcel Service Sep	38	710	09.30 – 16.00	7.100
United Rentals Sep	26	420	09.30 – 16.00	2.100
United States Steel Sep	43	1.780	09.30 – 16.00	17.800
United Technologies Sep	32	1.400	09.30 – 16.00	7.000
Unitrin Sep	39	340	09.30 – 16.00	3.400
Upstream Biosciences Sep	1	8	09.30 – 16.00	20
US Bancorp Sep	31	330	09.30 – 16.00	3.300
US Global Investors Sep	90	450	09.30 – 16.00	1.500
USA Interactive Sep	78	440	09.30 – 16.00	2.200
USEC Sep	8	134	09.30 – 16.00	670
UST Sep	37	550	09.30 – 16.00	5.500

Spread- und Margin-Liste

Wert	Spread	Margin	Handelszeit	ca. Größe
Valero Sep	38	530	09.30 – 16.00	5.300
Veolia Environment (USD) Sep	33	1.440	09.30 – 16.00	7.200
Verizon Comms Corp Sep	31	370	09.30 – 16.00	3.700
Vertex Pharma Sep	77	600	09.30 – 16.00	3.000
Viacom Sep	36	360	09.30 – 16.00	3.600
Videsh Sanchar Sep	29	460	09.30 – 16.00	2.300
Visa Sep	35	880	09.30 – 16.00	8.800
VMware Jun	37	660	09.30 – 16.00	6.600
Vodafone (USD) Jun	24	310	09.30 – 16.00	3.100
Volcom Jun	19	480	09.30 – 16.00	2.400

Wert	Spread	Margin	Handelszeit	ca. Größe
Wachovia Sep	25	440	09.30 – 16.00	2.200
Walgreen Sep	32	370	09.30 – 16.00	3.700
Wal-Mart Stores. Sep	34	580	09.30 – 16.00	5.800
Walt Disney Sep	31	340	09.30 – 16.00	3.400
Walter Industries Sep	48	960	09.30 – 16.00	9.600
Warnaco Group Sep	39	960	09.30 – 16.00	4.800
Warner Music Group Sep	13	172	09.30 – 16.00	860
Washington Mutal Sep	10	178	09.30 – 16.00	890
Watson Pharm Sep	31	560	09.30 – 16.00	2.800
WCI Communities Sep	3	18	09.30 – 16.00	180
Wellcare Health Sep	38	1.080	09.30 – 16.00	5.400
Wells Fargo Co Sep	30	540	09.30 – 16.00	2.700
Western Digital Corp Sep	36	780	09.30 – 16.00	3.900
Weyerhaeuser Co Sep	36	610	09.30 – 16.00	6.100
Whirl Pool Sep	40	710	09.30 – 16.00	7.100
Whole Foods Mkt Sep	30	560	09.30 – 16.00	2.800
Willbros Sep	39	1.075	09.30 – 16.00	4.300
Williams Cos Sep	32	760	09.30 – 16.00	3.800
Willis Group Holdings Sep	37	360	09.30 – 16.00	3.600
Wrigley Sep	32	780	09.30 – 16.00	7.800
Wyeth Sep	32	450	09.30 – 16.00	4.500
Wynn Resorts Sep	62	1.000	09.30 – 16.00	10.000

Spread- und Margin-Liste

Wert	Spread	Margin	Handelszeit	ca. Größe
Xerox Corp. Sep	14	130	09.30 – 16.00	1.300
Xilinx Sep	28	540	09.30 – 16.00	2.700
Xl Capital Sep	31	680	09.30 – 16.00	3.400
XM Satellite Sep	20	220	09.30 – 16.00	1.100
XTO Energy Sep	38	650	09.30 – 16.00	6.500
Yahoo. Sep	31	540	09.30 – 16.00	2.700
Yamana Gold Sep	12	150	09.30 – 16.00	1.500
Yanzhou Coal Mining Sep	51	1.090	09.30 – 16.00	10.900
Yum Brands Sep	30	400	09.30 – 16.00	4.000
Zimmer Holdings Sep	39	730	09.30 – 16.00	7.300
Zoltek Companies Sep	31	600	09.30 – 16.00	3.000
Crox Sep	11	150	09.30 – 16.00	1.000

Schlusswort

Ich hoffe, dass sowohl der Inhalt dieses Buches als auch die gezeigte Strategie und Handelsmethode Ihr Interesse geweckt haben und Sie sich der Chancen, aber auch der Risiken dieser Technik bewusst sind. Setzen Sie Ihr erworbenes Wissen bitte mit Bedacht ein und machen Sie sich immer eines klar: »Es ist noch kein Meister vom Himmel gefallen.« Selbst ich, als Autor dieses Buches, musste eine Lehrzeit durchmachen. Ihre wird zwar hoffentlich nicht so lang dauern wie meine eigene, da ich Ihnen eine gut funktionierende Strategie an die Hand gegeben habe. Aber auch Sie benötigen etwas Zeit, um zu lernen und diese Technik richtig anwenden zu können.

Während meiner gesamten Zeit als »Pionier« des Signalhandels habe immer wieder einmal unverbesserliche Schüler getroffen.

Am Anfang erzielten sie mit meiner Strategie wirklich sehr gute Ergebnisse und der Betrag pro Punkt wurde genau eingehalten. Ab einem bestimmten Zeitpunkt übermannte sie jedoch der Größenwahn.

Jeder wird aber vielleicht einmal an den Punkt kommen, an dem er sich die Frage stellt: »Was mit 1, 2 oder 3 Euro funktioniert, muss doch auch mit 10, 20 oder 30 Euro funktionieren?« Das ist richtig, solange Sie auch das nötige Kapital besitzen, um mit diesen Beträgen pro Punkt zu arbeiten. Falls Sie dieses Kapital nicht besitzen, machen Sie sich bitte von solchen Gedanken frei. Sonst ist alles, was Sie sich über längere Zeit aufgebaut haben, mit einem Trade wieder verloren.

Am besten lässt sich das vielleicht mit »Murphy's Gesetz« erklären: *»Alles, was schiefgehen kann, wird auch schiefgehen«!*

Schlusswort

Da es mir ein Anliegen ist, dass es Ihnen nicht so ergeht, möchte ich Ihnen ein Versprechen abnehmen.

Bitte sagen Sie laut – und damit meine ich auch laut – :

»Nino, ich verspreche dir und mir selbst hoch und heilig, dass ich den Betrag pro Punkt immer einhalten werde und keine verrückten Sachen mache!«

Mit diesem Versprechen, das Sie mir und sich selbst »hoffentlich« gegeben haben, möchte ich dieses Buch beenden und Ihnen meinerseits auch ein Versprechen geben: Wenn Sie sich an diese Strategie halten, werden Sie in absehbarer Zeit eine neue finanzielle Freiheit genießen können, aber wie gesagt, nur dann!

Ich wünsche Ihnen für Ihre Zukunft alles erdenklich Gute und würde mich sehr freuen, Sie vielleicht einmal auf einem meiner Seminare begrüßen zu dürfen.

Selbstverständlich stehe ich Ihnen für Rückfragen sowie Ideen, Kritik und Anregung gerne per E-Mail zur Verfügung.

So long, Euer Nino

Außerdem verfügbar

Signalhandel 2 – Strategien und Techniken bietet dem Leser weitere Einstiegssignale sowie neue Stopptechniken, die den Handel noch um ein Vielfaches profitabler werden lassen. Zudem wird auch ganz detailliert auf die richtige Tradevorbereitung sowie auf mentale Aspekte und ein weitergehendes Geldmanagement eingegangen. Der Autor gibt dem Leser anhand seines eigenen Werdegangs darüber Auskunft, wie man mit etwaigen mentalen und finanziellen Unwägbarkeiten fertig wird.

Dieses Buch ist das bisher umfangreichste aus der Signalhandel-Trilogie und ist von den Käufern in fast schon überschwänglichen Rezensionen durchweg gelobt worden. Signalhandel 2 – Strategien und Techniken baut auf dem Wissen von Signalhandel High Performance Trading auf, deshalb richtet sich das Buch nur an Leute, die bereits das Buch Signalhandel High Performance Trading gelesen haben und Ihr Wissen weiter ausbauen möchten.

Verfügbar als gebundene sowie als eBook-Version!

Außerdem verfügbar

Signalhandel 3 – Intraday Trading ist das bislang letzte Buch der Signalhandel-Reihe. Hier geht es hauptsächlich um die verschiedenen Minutencharts und es wird analysiert, mit welchen Signalen, Stopps und Positionsgrößen man in diesen Charts erfolgreich agieren kann. Ein weiterer Vorteil dieser Technik ist unter anderem, dass man auf keine Tagessignale mehr achten muss und somit viel flexibler ist, was den Handel anbelangt. Diese Technik ist die perfekte Ergänzung für alle, die das Trading zu ihrem  Beruf machen möchten. Selbstverständlich sind die gezeigten Techniken auch ohne Weiteres in jedem Tages- und Wochenchart anwendbar. Signalhandel 3 – Intraday Trading baut auf dem Wissen von Signalhandel 2 – Strategien und Techniken auf. Deshalb richtet sich das Buch an alle, die bereits die anderen Signalhandel-Bände gelesen haben.

Verfügbar als gebundene sowie als eBook-Version!

Signalhandel 4 – Cleveres Trading im Stundenchart ist zweifelsohne ein weiteres Meisterwerk in der Signalhandel-Buchreihe. Es wird Ihnen in diesem Buch genau gezeigt, welche Werte für den überaus lukrativen Handel auf Stundenbasis geeignet sind und welche Einstiegssignale zum Erfolg führen. Sie werden lernen, nur Werte zu handeln, die Ihnen einen überaus vorhersehbaren Chartverlauf bieten. Dadurch werden Ihre Handel überaus sicher und ertragreich. Signalhandel 4 – Cleveres Tra-  ding im Stundenchart baut auf dem Wissen von Signalhandel 2 – Strategien und Techniken auf. Deshalb richtet sich das Buch an alle, die bereits die anderen Signalhandel-Bände gelesen haben.

Erscheinungsdatum: September/Oktober 2008
Verfügbar als gebundene sowie als eBook-Version!

In **Die Silberbibel – Insiderwissen und Techniken rund um Silber** erfahren Sie alles über das derzeit wohl interessanteste Anlagethema – Silber! Verschaffen Sie sich mit diesem Buch einen unschätzbaren Wissensvorsprung. Sie erfahren, was Silber so einzigartig macht und vor allem, was es in naher Zukunft noch weitaus wertvoller machen wird. Es wird Ihnen nicht nur gezeigt, wieso Sie auch physikalisch in Silber investieren sollten, sondern auch wie Sie charttechnisch am besten vorgehen, um mit dem Silberhandel sehr profitable Gewinne zu erzielen.

Verfügbar als gebundene sowie als eBook-Version!

Signalhandelsseminare

1- und 2-Tagesseminare

Sie werden durch das alleinige Studium von Tradingbüchern meist nur bis zu einem bestimmten Punkt gelangen. Daher kann es hilfreich sein, einmal live sehen zu können, wie man tradet und wie man die Signalanalyse im Detail vornimmt. Im Seminar zeige ich Ihnen, wie ich mich in den Märkten bewege, sei es die Signalanalyse oder den Trade an sich betreffend. Ich werde Ihnen beibringen, eine schnelle und präzise Signalanalyse durchzuführen und nur die besten Signale als Handelssignale auszuwählen, um diese dann gemeinsam mit Ihnen zu handeln.

Ich werde Ihnen schlüssig beweisen, dass Trading nicht zwangsläufig bedeutet, den ganzen Tag vor dem Rechner sitzen zu müssen. Vielmehr lernen Sie, wie Sie die Trades so effektiv wie möglich gestalten, um noch genügend Zeit für die angenehmeren Seiten des Lebens zu haben.

Wir bieten Ihnen 1- und 2-Tagesseminare an. Dabei können Sie selbst entscheiden, ob Sie sich nur das Tagesseminar ansehen möchten, oder ob Sie auch am zweiten Tag das Erlernte praktisch anwenden möchten. Am ersten Tag lernen Sie alles über die Signalhandel-Strategien inkl. aller dazugehörigen Parameter wie z. B. die optimale Stoppsetzung, das richtige Anwenden des ERMA-Faktors sowie alles zum richtigen Geld- und Trademanagement. Am zweiten Tag werden wir die erlernten Punkte des ersten Tages in Übungen gemeinsam umsetzen. Gerade dieser Teil des Seminars sollte Sie einen ganz großen Schritt in Bezug auf die Signalerkennung sowie die Tradeführung voranbringen. Unsere bisherigen Seminarteilnehmer waren durchweg begeistert, da hier ein realer Handel 1:1 simuliert wird. Von der Signalerkennung bis hin zur Auswahl des richtigen Stopps und dem zugrunde liegenden Kapital für den jeweiligen Trade wird hier alles vertieft. Der zweite Tag ist optional buchbar, da wir Ihnen die Entscheidung selbst überlassen möchten, ob Sie daran teilnehmen möchten oder nicht. Empfehlenswert ist dies aber allemal. Selbstverständlich können Sie auch erst das 1-Tagesseminar buchen und dann während des Seminars entscheiden, ob Sie am zweiten Tag teilnehmen möchten.

Inhalt des 2-Tagesseminars, Tag 1

- Erklärung der Signalhandel-Strategien
- Erkennen von guten und schlechten Signalen
- Setzen der Stopps sowie Anwendung des ERMA-Faktors
- Mittagspause gegen 13.00 Uhr
- Erklärung der verschiedenen Stopptechniken und deren Anwendungsgebiete
- Geldmanagement und Tradevorbereitung
- Workshop, in dem das Erlernte angewendet wird
- Aufarbeitung aller noch offenen Fragen
- Ende gegen 17.00 Uhr

Inhalt des 2-Tagesseminars, Tag 2

- Wiederholung des Erlernten vom Vortag
- Aufarbeitung der offenen Fragen
- Workshop Teil 1: Signalerkennung und Simulation verschiedener Handel
- Signalanalyse des US-Markts
- Mittagspause gegen 13.00 Uhr
- Workshop Teil 2: Signalerkennung und Simulation verschiedener Handel
- Auswertung der Handel aus beiden Workshops
- Ende gegen 17.00 Uhr

Seminardaten

- **Ort und Datum:** Siehe Homepage unter www.signalhandel.com
- **Beginn:** 10.00 Uhr
- **Voraussichtliches Ende:** 17.00 Uhr
- **Seminarleiter:** Nino Lindmeyer
- **Seminarstätte:** Im Zentrum, genaue Adresse wird eine Woche vor Seminarbeginn bekannt gegeben
- **Verpflegung:** Kaltgetränke sowie Tee und Kaffe stehen im Seminarraum bereit. Das Mittagessen ist exklusive
- **Seminarpreis pro Person:** Die Seminarpreise entnehmen Sie bitte der Homepage unter www.signalhandel.com

3-Tagesseminar Intraday Trading

Auf vielfachen Wunsch bieten wir Ihnen nun auch exklusive Intraday-Seminare an. Bei diesen Seminaren dreht sich alles um den Handel in den verschiedenen Minutencharts sowie im Stundenchart nach Signalhandel 4. Ziel dieses Seminars ist es, dass die Seminarteilnehmer aktiv die Trades miterleben und optimalerweise auch selbst live mithandeln (kein Muss). Das Seminar richtet sich vor allem an Signalhändler, die schon ein Signalhandelsseminar besucht haben und mit den Grundlagen bereits vertraut sind.

Seminardaten

- **Ort und Datum:** Siehe Homepage unter www.signalhandel.com
- **Beginn:** 09.00 Uhr
- **Voraussichtliches Ende:** ca. 17.00 Uhr
- **Seminarleiter:** Nino Lindmeyer
- **Seminarstätte:** Im Zentrum, genaue Adresse wird eine Woche vor Seminarbeginn bekannt gegeben
- **Verpflegung:** Kaltgetränke sowie Tee und Kaffe stehen im Seminarraum bereit. Das Mittagessen ist exklusive
- **Seminarpreis pro Person:** Die Seminarpreise entnehmen Sie bitte der Homepage unter www.signalhandel.com

Weitere Hinweise

Um dem Seminar ohne Probleme folgen zu können, sollten Sie »Signalhandel High Performance Trading«, »Signalhandel 2 – Strategien und Techniken« und »Signalhandel 3 – Intraday Trading« gelesen haben. Zudem ist es sinnvoll, vorher ein 2-Tagesseminar oder ein 4-Tagesseminar besucht zu haben. Unsere Intraday-Seminare finden in der Regel in kleinen Gruppen zu maximal 5 Personen statt. Zum Seminar selbst benötigen Sie Schreibsachen sowie einen Taschenrechner und einen Laptop mit Wireless Lan- oder UMTS-Karte.

Viertägiges Seminar

In unserem Viertagesseminar haben Sie die Möglichkeit, das Trading von der Pieke auf zu lernen. Sie werden alles über das erforderliche Trade- und Geldmanagement erfahren und anschließend in der Lage sein, Charts kompetent zu analysieren. Natürlich werden wir das Erlernte gleich direkt anwenden und gemeinsam die ersten Trades durchführen. Gerade wenn Sie sich dafür entscheiden sollten, das Trading zu Ihrem Beruf zu machen, wird Ihnen dieser Kurs erheblich weiterhelfen. Nach diesem Kurs werden Sie handeln wie ein Profi. Es wird sich nicht mehr die Frage stellen, ob Sie ein gutes oder ein schlechtes Einstiegssignal vorliegen haben, oder wann Sie Ihre Gewinne mitnehmen sollten, da Sie dies alles selbst aus dem Chart lesen werden. Positionsgrößenbestimmung und psychologische Aspekte werden Ihnen helfen, das Trading auf eine entspannte Art zu betreiben, wie Sie es bisher noch nicht kannten.

Inhalt des 4-Tagesseminars

Tag 1: Grundlagen der Chartanalyse (Inhalt »Signalhandel High Performance Trading« sowie »Signalhandel 2 – Strategien und Techniken« sowie einige bisher unveröffentlichte Tricks und Kniffe).

Tag 2: Analyse der Märkte auf Tagesbasis, Planung und Handel der ausgewählten Werte.

Tag 3: Grundlagen des Intraday-Handels (Inhalt aus »Signalhandel 3 – Intraday Trading«), Trading der Euro- und US-Märkte, Auswertung der Trades.
Tag 4: Trading der Euro- und US-Märkte auf Tages- sowie Intraday-Basis, Auswertung der Trades.

Seminardaten

- **Ort und Datum:** Siehe Homepage unter www.signalhandel.com
- **Beginn:** 10.00 Uhr
- **Voraussichtliches Ende:** 17.00 Uhr
- **Seminarleiter:** Nino Lindmeyer
- **Seminarstätte:** Im Zentrum, genaue Adresse wird eine Woche vor Seminarbeginn bekannt gegeben
- **Verpflegung:** Kaltgetränke sowie Tee und Kaffe stehen im Seminarraum bereit. Das Mittagessen ist exklusive
- **Seminarpreis pro Person:** Die Seminarpreise entnehmen Sie bitte der Homepage unter www.signalhandel.com

Weitere Hinweise

Um dem Seminar ohne Probleme folgen zu können, sollten Sie »Signalhandel High Performance Trading« gelesen haben. Es ist zwar von Vorteil, jedoch nicht zwingend notwendig, »Signalhandel 2 – Strategien und Techniken« bereits gelesen zu haben. Zum Seminar selbst benötigen Sie lediglich Schreibsachen sowie einen Taschenrechner.

Weitere Vorteile der Signalhandelsseminare

Alle Seminarteilnehmer haben die Möglichkeit, nach dem Seminar Signalanalysen sowie weitere Signalhandel-Artikel vergünstigt zu bestellen. Näheres erfahren Sie **nach** dem Seminar.

Und hier nun der wohl größte Vorteil: Unseren Seminarteilnehmern der jeweiligen Stadt wird im Forum ein eigenes Unterforum eingerichtet, damit Sie auch nach dem Seminar in dieser Gruppe weiterarbeiten können. Dies hört sich vielleicht im ersten Moment etwas unspektakulär an, Sie werden aber sehr bald feststellen, dass dies sehr wertvoll für Sie sein wird.

Individuelles Coaching

Nahezu alle Menschen wünschen sich eine gute Beziehung zu ihrer Umwelt und zu sich selbst. Wir sollen uns wohl fühlen und zufrieden sein mit dem, was wir sind und was wir tun. Gerade beim professionellen Trading entsteht daher oft der Wunsch, sich neues Fachwissen anzueignen, das einem selber momentan noch fehlt. Unsicherheit, andauernde Fehltrades oder eine Glaubenskrise können Zeichen dafür sein, dass wir in diesem Bereich auf der Stelle treten, unser Potential nicht ausschöpfen oder unsere Fähigkeiten nicht optimal einsetzen. Dann benötigen wir Wissen, das individuell auf die eigene Person abgestimmt ist. Ein Trading-Coaching wird meist von Tradern in Anspruch genommen, die den Börsenhandel und das Trading als professionelle ständige Einnahmequelle anstreben. Sie möchten sich in der geschützen Atmosphäre eines privaten Bereichs mit Ihren persönlichen Tradingproblemen auseinandersetzen, sich weiterentwickeln sowie nach neuen Wegen und Möglichkeiten im Umgang mit dem Trading suchen. Dabei lassen Sie sich durch professionelle und langjährig erfahrene Börsenhändler individuell unterstützen. Wir helfen Ihnen dabei!

Ihre Vorteile

- Sie entscheiden nach Ihrem Terminkalender, wann Sie das Coaching durchführen möchten.
- Sie können entscheiden, ob das Coaching bei Ihnen vor Ort stattfindet oder in unserem Schulungsraum.
- Die Schulung wird genau auf Ihre Bedürfnisse zugeschnitten.
- Sie entscheiden selbst über die Dauer des Coachings, egal ob 1, 2, 5 Tage oder mehr.
- Sie entscheiden, ob Sie die Schulungen am Stück oder verteilt auf mehrere Wochen erhalten möchten.

- Sie können kostenfrei eine weitere Person hinzuziehen.
- Sie können während des Coachings über eine Verlängerung entscheiden, sofern es dem Coach möglich ist.

Ablauf

Schicken Sie uns bitte eine Email an info@signalhandel.com mit Ihrer Telefonnummer, der Uhrzeit, wann wir Sie telefonisch erreichen können, und eine kurzen Zusammenfassung, was Sie bisher gemacht haben. Einer unserer Coaches wird sich dann telefonisch mit Ihnen in Verbindung setzen und alles Weitere mit Ihnen besprechen.

Signalanalysen

Wie ja schon im Laufe des Buchs erwähnt, können Sie die Signalanalyse der Werte, die ein Signal für den nächsten Handelstag haben, auch direkt über uns beziehen, sofern Ihnen diese selbst zu zeitaufwendig sein sollte oder Sie Ihre Werte mit denen unserer Analysten vergleichen möchten.

Die Analysen unserer Spezialisten zeichnet eine sehr hohe Qualität aus, die sich auch in der Performance zeigt. So wurde beispielsweise im Januar 2008 eine Performance von 3.900 Punkten erreicht. Hier sehen Sie die Auswertung der Werte, die auch tatsächlich aktiv wurden. Bei diesen Trades legen wir ein **Handelskapital ab 1.000 Euro** zugrunde!

Handelzeitraum war vom 01.01.2008 bis 31.01.2008.

Siemens Mar	1.114,00 Punkte	1 Euro	+ 1.114,00 Euro
Marsh + Mclennon Mar	– 177,00 Punkte	1 Euro	– 177,00 Euro
Boston Science Mar	– 73,00 Punkte	1 Euro	– 73,00 Euro
General Motors Mar	354,00 Punkte	1 Euro	+ 354,00 Euro
Well Fargo + Co Mar	427,00 Punkte	1 Euro	+ 427,00 Euro
Fedex Corp Mar	661,00 Punkte	1 Euro	+ 661,00 Euro
Anheuser Busch Mar	418,00 Punkte	1 Euro	+ 418,00 Euro
Freddy Mac Mar	213,00 Punkte	1 Euro	+ 213,00 Euro
Saipem Mar	– 226,00 Punkte	1 Euro	– 226,00 Euro
ExxonMobilCorp Mar	266,00 Punkte	1 Euro	+ 266,00 Euro
Conoco Inc Mar	242,00 Punkte	1 Euro	+ 242,00 Euro
Home Depot Mar	335,00 Punkte	1 Euro	+ 335,00 Euro
Lowes Companies Mar	340,00 Punkte	1 Euro	+ 340,00 Euro
Pfizer Inc Mar	46,00 Punkte	1 Euro	+ 46,00 Euro
WesternDigital Corp Mar	236,00 Punkte	1 Euro	+ 236,00 Euro

Um die Signalanalyse zu bestellen, gehen Sie bitte auf www.signalhandel.com.

Wichtig: Die Signalanalyse beinhaltet kein Abonnement, das sich selbstständig verlängert, weder nach der Testwoche noch im regulären Verkauf! Das wäre unserer Meinung nach »Bauernfängerei«.

Auf den folgenden Seiten zeigen wir Ihnen noch, wie die Analyse im Detail aussieht!

Sie bekommen am Tag zwei E-Mails zugesandt, einmal eine für den US-Markt bis ca. 12.00 Uhr mittags und eine bis 21.00 Uhr für den europäischen Markt.

Auf der nächsten Seite ist die E-Mail abgebildet, die Sie erhalten und Ihnen einen schnellen Überblick über die vorhandenen Signale liefern soll. Bitte beachten Sie, dass Bilder und der Haftungsausschluss aus Platzgründen weggelassen wurden.

Sie werden zudem feststellen, dass es einige Details wie z. B. den ERMA-Faktor gibt, über den Sie bis dato noch nichts gehört haben. Dieser wird beispielsweise erst in »Signalhandel 2 – Strategien und Techniken« genauer erläutert und dient dazu, den zu handelnden Wert noch sicherer zu analysieren.

In der Analyse sind die Signale beider Bücher aufgeführt, also von »Signalhandel – High Performance Trading« sowie »Signalhandel 2 – Strategien und Techniken«.

Bitte handeln Sie keine Signale aus »Signalhandel 2 – Strategien und Techniken«, sofern Sie dieses noch nicht gelesen haben. Es kann sein, dass Sie Ihre Stop Loss versetzen müssen. Dies wird ebenfalls erst in »Signalhandel 2 – Strategien und Techniken« gelehrt.

Auf der übernächsten Seite finden Sie die detaillierte Signalanalyse, die als Excel-Datei der E-Mail angehängt ist und in der Sie alle wichtigen Daten dieses Trades inkl. des dazugehörigen Charts finden.

Signalanalyse

Besuchen Sie unsere Homepage
Schicken Sie eine E-Mail an das AltaTrade Support-Team
Bestellen Sie Ihr Buch

Sehr geehrter Trader,
im Anhang finden Sie die detaillierte Signalanalyse für Mittwoch......... 2008 für den europäischen Markt. Wie immer wünschen wir Ihnen viel Glück und Verstand.

Hier kommen Sie direkt zu Finspreads

Wert	Signal	Kaufkurs	Erma	Empf. Stopp	Stoppkurs	Limit	Margin	Spread	Handelbar nach Signalhandel
Cookson – Mar	steigend	650	1,7	KGV Stopp	605	669	128,26	5,3	Band 1
Great Portland	steigend	541	1,2	KGV Stopp	508	601	53,69	3,7	Band 1

Sonstige Informationen

Alle Angaben ohne Gewähr!

Haftungsausschluss ...

Mit freundlichen Grüßen aus Burghausen
Florian Pertl

Signalanalysen

Titel	Great Portland Estates – Mar	Trade Nr.		Datum Kauf Datum Verkauf	00.00.2008
Vortageshoch Widerstand	538 650	Vortagestief Unterstützung	511 450	ERMA-Faktor	1,2
Steigend/Fallend Kaufpreis Stopp Loss Limit Order	steigend 541 508 601	Risikoklasse Signalqualität Trend Duplizierbarkeit	1 1 2 1	Wid./Unterst. Stopptechnik KGV Geld	1 2 1 1
Signal	Duo	Max. Gewinn	60	Max. Verlust	33
Betrag pro Punkt		Margin	53,69	Spread	3,7

Notizen   Bitte geben Sie hier Ihre Notizen ein…

Abschlussnotizen   Bitte geben Sie hier Ihre Notizen ein…

Haltedauer		Gewinn/Verlust	4545	Total	

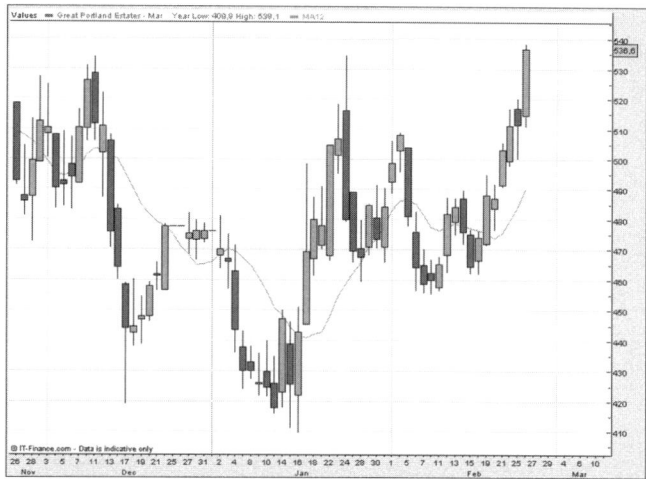

Weitere Artikel zu Signalhandel wie z. B. Webseminare (Webinare), Seminare auf DVD (ab Dezember 2008 erhältlich) sowie viele andere Artikel, die Ihren Handel verbessern, finden Sie auf unserer Homepage unter www.signalhandel.com.

Supportinformation

Fragen zur Strategie und Technik von Signalhandel können Sie direkt an unser Supportteam unter support@signalhandel.com stellen.

Stichwortverzeichnis

A
Absicherung, 41, 50
Aktienauswahl, 74, 99
Allzeithoch, 28
Ausstieg, 48–57

B
Bank Austria, 8–13, 45, 116, 125–127
Bären, 15
Bloomberg, 89, 91
Broker, 9, 41–50, 58–59, 67, 75, 97–124
Bullen, 15

C
Candlesticks, 12–16, 44–45, 116
CFD, 3, 100, 105
Commerzbank, 98

D
Deutsche Börse, 9
Differenzhandel, 4–5, 8
Doji, 16, 20–21, 30–31, 45
Duplizierbarkeit, 47, 58–59, 62, 64

E
Einkommensteuererklärung, 100
Einstiegssignal, 19, 29, 33, 38–39, 60, 64, 89, 94
Eröffnungskurs, 13–15, 85–86, 123
Euro Stoxx, 99

F
Finanzamt, 100
Finspreads, 9, 67, 76, 83, 98–124
Flash-Software, 8
Futures, 130

G
Gap 67, 85–86
Geldmanagement, 68–69, 82
Gewinn-Verlust-Verhältnis, 50, 57, 59

H
Handelsbeginn, 14
Handelsschluss, 45, 123

I/J
IG Index plc, 99
Intraday, 15, 89–90, 92
Java-Software, 8

Stichwortverzeichnis

K
Kapital, 70–73, 130, 185
Kaufkurs, 4, 29, 41, 53, 72, 122, 129

L
Laufzeiten, 49, 119
Limit Order, 48, 52–56, 59–62, 72–73, 77–80, 86, 88, 128
Londoner Börse, 9

M
Margin, 82–84, 98–99, 110, 131–183
Maximalverlust, 49, 52–55, 60–62, 72, 74, 77, 79

N
Nasdaq, 99, 111

O
Ordereingabe, 117–124

P/Q
Papiertrades, 126–129
Positionsmanagement, 69

R
Rauschen, 52, 60–62, 71–72, 76
Risikokapital, 70, 74–78
Rolling, 82, 119

S
Schlusskurs ,13–14, 85–86
Seitwärtsbewegung, 36
Spread Betting, 8, 110–111, 117, 130
SMA-Linie, 14, 17, 21–22, 26–27, 30–31, 44–45
Startkapital, 8, 82, 107–108, 130
Stop-Loss-Kurs, 49, 52, 53, 55, 60–61, 71–73, 77, 79, 83, 121

T
Tageshoch, 14–15, 42, 72–73, 57, 116
Tagestief, 14–15, 43, 52, 55-57, 73, 77, 116
Tradingkonto, 56, 83, 98, 124

U
UK Shares, 64, 117, 132, 141–159
US-Markt, 85, 93–94, 159–183

V
Verfallsdatum, 119
Verkaufskurs, 4
Volatilität, 84

W
Wall Street, 111, 132
Wochenabrechnung, 94

X, Y, Z
Zeiteinheit, 33, 116
Zeitintervalle, 15